岳麓書社

读名著　选岳麓

古典名著普及文库

鬼谷子

刘 光 导读 注译

岳麓書社·长沙

出版说明

中国古典名著是中华优秀传统文化的重要载体，今天人们要学习传统文化，如果说有所谓捷径可寻，那恐怕就是直接阅读古典名著了。长期以来，为大众读者出版古典名著的普及读物一直是本社的重要使命。约三十年前，我们便出版了“古典名著普及文库”，收书五十余种，七十余册，蔚为大观。这套书命名为“普及”，首先是因为采用了简体字横排的排版方式。当时的古典名著图书，以未经整理的影印本和繁体竖排本居多，大众读者阅读有障碍，故本文库的推出，确有普及之效。其次，我们提出要让读者“以最少的钱买最好的书”，定价远低于当时同类型品种。基于此，这套“普及文库”迅速流向读者的书架，销量极大，功在普及不浅。

当年这套书，所收各书都是文言文全本，无注释，不翻译，对于今天的大众读者来说，已经很难起到普及作用了。而且，读者如果仅仅出于品鉴、入门的需要，也无须通读大部头的全本古籍。因而，我们推出这套全新的“古典名著普及文库”，在选目上广泛听取国内名校学者们的建议，收录经、史、子、集四部之中第一流的名著一百余种，邀请学有专攻的学者精心注释、翻译，并加以导读。篇幅大的经典，精选菁华，篇幅适中的出版全本，个别篇幅小的，则将主题相近的品种合刊为一册。

我们希望有更多的人能够买得起、读得懂中国的古典名著，接受中华优秀传统文化的滋养。这一套轻松好读又严谨可靠的普及文库，便是我们努力实践这一理念的结果。

前 言

战国时期，列国关系错综复杂而且多变，外交策略的选择可能关系到国家的存亡，这就为善于言辞的辩士提供了驰骋游说的舞台，其中最著名的无过于苏秦、张仪，从他们的事迹不难看出当时辩士的影响力。

这些辩士，在《汉书·艺文志》中被称为纵横家，关于纵横家，班固有这样的论述：

纵横家者流，盖出于行人之官。孔子曰："诵《诗》三百，使于四方，不能专对，虽多亦奚以为？"又曰："使乎！使乎！"言其当权事制宜，受命而不受辞，此其所长也。及邪人为之，则上诈谖而弃其信。

根据班固的叙述，苏秦、张仪就属于这类善于言辞的纵横家。而根据《史记》的记载，苏秦、张仪这两位旷世的纵横家师从同一人——鬼谷子，因此有学者将鬼谷子称为"纵横家的开山始祖"，这大致是不错的。但鬼谷子其人生平、姓氏等情况史载纷纭，值得探析一番。

相传《鬼谷子》为鬼谷子所著，此书是记录鬼谷子论辩、游说技巧和谋略之书，是现在我们研究先秦纵横家的纵横言论、理论可以凭借的主要材料，但其书著者、真伪、篇目等仍存异议，尚需进一步探讨。

综上所述，鬼谷子其人、其书都存在颇多争议。今分以下几个专题来探讨鬼谷子其人、其书。

一、鬼谷子的姓名与生平事迹

（一）鬼谷子的姓名

关于鬼谷子的姓氏，先秦两汉典籍中没有提到，后世则异说纷纭。较早论说鬼谷子姓名的是唐代学者陆龟蒙，他认为鬼谷子名“誗”[1]，同为唐代的学者杜光庭《仙传拾遗》，认为“姓王名利”；明代学者李杰《道藏目录详注》则云鬼谷子姓王名诩。王利、王誗，是因谐音而产生的不同异文；誗，《玉篇 · 言部》，“言利美也”，是说言辞锐利漂亮，与“诩”的意思相近，并因此产生王誗、王诩两个异文。无论“誗”“诩”，应当都是后人根据鬼谷子其人“善辩”的特点而杜撰出来的名，不足为信。

关于鬼谷子的姓名尚有一种说法，最早见于唐代马总《意林》，其书云：“周时有豪士，隐者，居鬼谷，自号鬼谷先生，无乡里族姓名字。”《中兴书目》云：“（鬼谷子）周时高士，无乡里族姓名字，以其所隐，自号鬼谷先生。”这些材料认为鬼谷子姓、名、字无传，应当是可以凭信的。

（二）鬼谷子的生平、事迹

1. 鬼谷子的生平

关于鬼谷子的生活年代，文献记载各有不同，大都是汉代以后的说法，就文献所见大致有这几种说法：

第一，以《史记 · 苏秦列传》《史记 · 张仪列传》的记载为代表，认为鬼谷子是苏秦、张仪的老师，大致生活年代稍早于张仪、苏秦。按：张仪死亡的年代是公元前309年，苏秦的生活年代，根据杨宽先生的考证，其下限当在公元前285年至公元前284年之间，[2] 那么作为老师的鬼谷子的生活年代应该在战国中期当无异议。

第二，以杜光庭《仙传拾遗》的记载为代表，认为鬼谷子是晋平公时期的人，为春秋中期的人。

第三，以梁元帝《金楼子 · 箴戒》的记载为代表，认为其大致与秦始

[1] [宋]晁公武：《郡斋读书志》卷三上，《鬼谷子》条下引。

[2] 杨宽：《战国史料编年辑证 · 引论上篇 · 战国史料之鉴别》，上海：上海人民出版社，2016年，第11页。

皇时代相同。《箴戒》篇记载：

秦始皇闻鬼谷先生言，因遣徐福入海，求金菜玉蔬。[1]

综上所述，从鬼谷子与苏秦、张仪的师生关系来看，后两种说法在时代上相差太远，应当不足凭信，鬼谷子生活的年代，还应当以战国中期的说法更为可信。

2. 鬼谷子的事迹

关于鬼谷子的事迹的记载中，有不少涉及神怪之事，当为后人杜撰，不足凭信，其中较为可信的有如下几条：

（1）《史记》卷六十九《苏秦列传》

苏秦者，东周洛阳人也。东事师于齐，而习之于鬼谷先生。

（2）《史记》卷七十《张仪列传》

张仪者，魏人也。始尝与苏秦俱事鬼谷先生学术。

（3）《文选》李善注引《〈鬼谷子〉序》

周时有豪士，隐于鬼谷者，自号鬼谷子，言其自远也。

根据上引材料，我们可以大约得出鬼谷子的事迹：鬼谷子是张仪、苏秦的老师，隐居鬼谷，曾经在齐国活动过。

3. 鬼谷的地理位置

鬼谷子之得名乃是由于其曾隐居鬼谷，关于鬼谷的地理位置，众说纷纭，莫衷一是，现将几种有代表性的观点列出来以供考辨：

第一，前引《苏秦列传》裴骃《集解》引徐广说法：

颍川阳城有鬼谷，盖是其人所居，因为号。

第二，《苏秦列传》司马贞《索隐》云：

按：鬼谷，地名也。扶风池阳，颍川阳城，并有鬼谷墟，盖是其人所居，因为号。

第三，《甘茂列传》张守节《正义》引刘伯庄说：

此鬼谷，关内云阳，非阳城者也。

第四，《文选》卷二十一郭璞《游仙诗》李善注引庾仲雍说：

---

[1] ［梁］萧绎：《金楼子》，北京：中华书局，1985年，第15页。

庾仲雍《荆州记》曰："临沮县有青溪山，山东有泉，泉侧有道士精舍，郭景纯尝作临沮县，故《游仙诗》嗟青溪之美。"又云："《鬼谷子序》曰：'周时有豪士隐于鬼谷者，自号鬼谷子，言其自远也。'然鬼谷之名，隐者通号也。"

第五，李吉甫《元和郡县图志》：

鬼谷，在（告城）县北五里，即六国时鬼谷先生所居也。[1]

第六，乐史《太平寰宇记》：

清水谷在（平原）县西三十五里。《十道志》云即鬼谷先生所居也。

上述六种说法，其中关内云阳说与扶风池阳说，两者实际上是同一说，即在今陕西泾阳；颍川阳城与告城说，也是相同的，即今河南登封；临沮说，即今湖北当阳；清水谷说，《太平寰宇记》的清水谷在今陕西富平。

上述诸说中临沮说当不可信，庾仲雍之所以认为鬼谷在临沮，显然是受到郭璞游仙诗"青溪千余仞，中有一道士。云生梁栋间，风出窗户里。借问此何谁，云是鬼谷子"的影响，误以为青溪山为鬼谷，其实在郭诗中"青溪"是一种泛称而非实指，因而这种说法是没有根据的。

至于《太平寰宇记》中的"清水谷"，应当也是沿袭庾仲雍"青溪"之说而推衍出来的，是不可信的。

要判断鬼谷的地理位置应当结合《史记·甘茂列传》的记载：

（苏代）因说秦王曰："甘茂，非常士也。其居于秦，累世重矣。自崤塞及至鬼谷，其地形险易皆明知之。彼以齐约韩、魏反以图秦，非秦之利也。"秦王曰："然则奈何？"苏代曰："王不若重其贽，厚其禄以迎之，使彼来则置之鬼谷，终身勿出。"

从上文的记载来看，苏代建议将甘茂放置在鬼谷，那么既然如此，这个鬼谷应当是秦国的疆域，而河南登封彼时属于韩国疆域，秦王不可能将甘茂安置于此，因此鬼谷当以今陕西泾阳说为是。

综上所述，关于鬼谷子我们可以得出如下认识：鬼谷子是张仪、苏秦

---

[1] [唐]李吉甫撰，贺次君点校：《元和郡县图志》，北京：中华书局，2017年，第139页。

的老师，战国中期人，隐居在今陕西泾阳县北的鬼谷，并因此得名。此外，鬼谷子还曾在齐国活动过。

二、关于《鬼谷子》一书的几个问题

（一）《鬼谷子》的作者与篇卷

《鬼谷子》一书最早著录于《隋书·经籍志》，是篇谓："《鬼谷子》三卷，皇甫谧注；鬼谷子，周世隐于鬼谷。《鬼谷子》三卷，乐壹注。"其后横秋阁本长孙无忌《〈鬼谷子〉序》、晁公武《郡斋读书志》[1]、陈振孙《直斋书录解题》[2]、郑樵《通志·艺文略》[3]等均以为《鬼谷子》为鬼谷先生所撰，且卷数为三卷。

但是关于《鬼谷子》的作者与卷数，尚有不同的说法：《旧唐书·经籍志》载："《鬼谷子》二卷，苏秦撰；又三卷，乐壹注；又三卷，尹知章注。"《新唐书·艺文志》的说法大体与《旧唐书》的说法相同。从新旧《唐书》的记载来看，有苏秦撰《鬼谷子》二卷。

《四库全书总目》著录有《鬼谷子》一卷，并说："然今本已佚其《转丸》《胠箧》二篇，惟存《捭阖》至《符言》十二篇。"[4]

1.《鬼谷子》的篇卷问题

从上文的论述可以看出，关于《鬼谷子》的卷数有三卷、二卷、一卷等三种说法。其中《四库全书总目》所录《鬼谷子》本未录《本经阴符七术》《持枢》《中经》等篇。其所录之本与三卷本不同之处，在于《四库》本无卷下，而将卷上、卷中视为一卷，其实并没有什么不同。

而两唐书所记的《鬼谷子》二卷，与三卷《鬼谷子》是不同的著作，应当是苏秦所撰的另一个著作。其之所以得《鬼谷子》之名，司马贞《史

---

[1] ［宋］晁公武：《郡斋读书志》卷三上，四部丛刊三编本，上海：商务印书馆。

[2] ［宋］陈振孙撰，徐小蛮、顾美华点校：《直斋书录解题》，上海：上海古籍出版社，2016年，第294页。

[3] ［宋］郑樵撰，王树民点校：《通志二十略》，北京：中华书局，1995年，第1653页。

[4] ［清］永瑢等著：《四库全书总目》，北京：中华书局，2013年，第1008页下。

记索隐》指出：乐壹注《鬼谷子》书云："苏秦欲神秘其道，故假名鬼谷。"若如此，则《旧唐书·经籍志》《新唐书·艺文志》所谓的《鬼谷子》二卷实则是苏秦为"神秘其道"而假托《鬼谷子》之名而流传的。

综上所述，《鬼谷子》卷数当以三卷为是。

在弄清楚《鬼谷子》卷数后，我们接下来讨论一下各篇的篇名问题。现有三卷《鬼谷子》的分卷分别是：

卷上：捭阖、反应、内揵、抵巇

卷中：飞钳、忤合、揣、摩、权、谋、决、符言、转丸、胠乱

卷下：本经阴符七术、持枢、中经

其中卷中之《转丸》《胠乱》两篇亡佚，其亡佚的时间肯定是在唐之前。《太平御览》引各篇篇名与上列篇名略有出入：反应，引作"反覆"；忤合，引作"午合"；揣，引作"揣情"；摩，引作"摩意"；"权"引作"量权"；"谋"引作"谋虑"。

综上所述，现存《鬼谷子》共计三卷十五篇。

2.《鬼谷子》的作者问题

《鬼谷子》一书，旧题为鬼谷子所著，其后学者多有怀疑：或以为此书即苏秦所著[1]；或以为此书出于东汉人之手[2]；或以为皇甫谧所伪托[3]。众说纷纭，莫衷一是，大都缺乏足够的依据。

先秦古书不成于一时，成于众手，是非常常见的现象，因此研究《鬼谷子》的作者时也应当考虑到这个因素。目前关于《鬼谷子》作者的研究最充分的当推许富宏先生。许先生根据《鬼谷子》各部分的残缺情况，对全书进行分组，进而研究各组的作者。[4]

许先生首先根据各部分残缺情况，将全书分为三组：

第一组：《捭阖》《反应》《内揵》《抵巇》《飞钳》《忤合》完整；《揣》

[1] 《史记·苏秦列传》司马贞《索隐》。

[2] [明]胡应麟：《四部正伪》，北京：朴社出版社，1933年，第33页。"盖东汉人本苏秦、张仪二书之言，会萃附益为此。"

[3] 同上注。"或即谧手所成而托名鬼谷。"

[4] 许富宏：《鬼谷子集校集注·前言》，北京：中华书局，2010年，第13页。

《摩》《权》《谋》完整；《决》残。

第二组：《符言》完整；《转丸》《胠乱》亡佚。

第三组：《本经阴符七术》完整；《持枢》残；《中经》似不残。

然后将每组的作者情况予以分析，其结论如下：

第一组《捭阖》至《忤合》等六篇为鬼谷子所著；《揣》至《决》等五篇为鬼谷子门人及后学所著。

第二组《符言》为鬼谷子所著；《转丸》《胠乱》由于亡佚，作者不详。

第三组《本经阴符七术》为鬼谷子所著；《持枢》《中经》为鬼谷子门人及后学所纂集。

许先生关于《鬼谷子》作者的研究是非常具体的，但也有值得商榷的地方：即关于卷下《本经阴符七术》《持枢》《中经》等篇的成书时代及作者。

此三篇在体例和内容上都与卷上、卷中等十二篇有差异，从内容而言，此三篇中有浓厚的道教和佛教思想，很难令人相信是先秦时期鬼谷子及其门人、后学的作品，而当出于魏晋人之伪托。

今将此三篇中与道教、佛教思想相关的内容举例，以显示此下卷为后人所伪托：

如《本经阴符七术》篇中所引用的“五龙”等兽名，是道教所常用的，其中“五龙”见于遁甲开山图荣氏解之语，相关内容见于《文选》李善注：

五龙，皇后君也。昆弟五人，皆人面而龙身。长曰角龙，木仙也；次曰徵龙，火仙也；次曰商龙，金仙也；次曰羽龙，水仙也；次曰宫龙，土仙也。父与诸子同得仙，治在五方。

这种以五龙为五行之仙，道家意味非常明显。

又如《本经》中的“九窍十二舍”等，也与佛家所谓的“六根九窍”意味接近。

综上所述，我们可以得出如下结论：今日我们看到的三卷《鬼谷子》，其中卷上、卷中为先秦的古籍，其作者当如许富宏先生所说为鬼谷子及其门人、后学；卷下《本经阴符七术》《持枢》《中经》等篇中有浓厚的道教、佛教思想，系魏晋时人伪托。

(二)《鬼谷子》的版本与注本

1.《鬼谷子》的版本

现有《鬼谷子》的流传版本主要有两个系统。

第一，《道藏》本系统。

流传最广的是明正统年间编成的《道藏》本《鬼谷子》，简称“正统《道藏》本”，全书分上、中、下三卷。

从《道藏》本所出的版本主要有：

①明嘉靖乙巳抄本

缪荃孙曰：“壬子二月，傅君沅叔以明钞蓝格本见示，正文顶格，注文低一格，原出《道藏》，末有嘉靖乙巳三月九日校毕一行，又有小字：此本原系苏州文氏所藏。”从缪荃孙此语中，可以看出明嘉靖乙巳抄本也属于《道藏》本系统。台湾世界书局曾影印出版此本。

②乾隆五十四年秦氏石研斋刊本

此本以孙星衍于华阴岳庙读《道藏》时，所录之本，亦属《道藏》本系统。

③四部丛刊本

1923—1926年上海商务印书馆涵芬楼借京师白云观藏正统《道藏》本影印，与《道藏》本为同一个本子。

第二，钱遵王述古堂本系统。

钱遵王述古堂本系从宋本传录而来，后为鲍渌饮所得，卢文弨又对此本进行校勘。[1] 此本较《道藏》本内容为完整。

从钱本所出的主要有以下几个版本：

①嘉庆十年江都秦氏刊本（简称“嘉庆刊本”）

[1] [清]卢文弨著，王文锦点校：《抱经堂文集》，北京：中华书局，2005年，第146—147页。

嘉庆刊本即用卢文弨所校之本，此本内容完备，校勘精良，是现在研究《鬼谷子》的最佳版本。本书所采用之底本即是此本。

②四部备要本

1920—1936年中华书局据“嘉庆刊本”刊。

2.《鬼谷子》的注本

历代书志关于《鬼谷子》的注本主要有：西晋皇甫谧注《鬼谷子》三卷；梁陶弘景注《鬼谷子》三卷；乐壹注《鬼谷子》三卷；唐尹知章注《鬼谷子》三卷。皇甫谧注见载于《隋书·经籍志》，不见于新、旧《唐志》，大概已经于五代时期亡佚。陶、乐、尹三家注见于新、旧《唐志》；现仅存一家，但究竟是陶注还是尹注在学术史上有争论。

持今本为尹知章注者，以清人周广业最为详细，他说：

案：《鬼谷》录自《隋志》，有皇甫谧、乐壹注各三卷，新、旧《唐志》无皇甫谧而增尹知章注三卷，不闻陶也。陶注始见于晁氏《读书志》。……《困学纪闻》载尹知章序《鬼谷子》有云：“苏秦、张仪事之，受《捭阖》之术十三章，复受《转丸》《胠箧》三章，晁氏则但言序，谓此书即受秦、仪者。虽详略不同，可证其皆为尹序。序出于尹，安见注不出于尹。”观其注文往往避唐讳，如以“民”为“人”，“世”为“代”，“治”为“理”，“缧绁”作“缧絏”之类，而笔法又绝似《管子》注，是为尹注无疑，尹生中宗、睿宗之世，卒于开元六年，故于隆基字不复避。[1]

细绎周文，其认为《鬼谷子》为尹注所依据的理由主要有以下几点：(1)《隋志》，新、旧《唐志》不载陶注，陶注始见于晁公武《郡斋读书志》；(2)注文往往避唐讳；(3)《困学纪闻》所载尹知章《鬼谷子》序与《郡斋读书志》相同，可知晁氏《读书志》所载序为尹序，注亦为尹注；(4)其注文手法类似于《管子》注。

周广业所举诸说均存在一定的问题，试分析如下：

①周氏认为陶注不见于《隋志》，而最先见于《郡斋读书志》。周氏的这种说法是不正确的。其实关于陶注的最早记载见于横秋阁本长孙无忌

[1] 秦恩复嘉庆刊本《鬼谷子》附录。

所作的《〈鬼谷子〉序》，而长孙无忌与《隋志》的作者魏徵为同时代人，那么可见陶注的出现是很早的，《隋志》记载与否都不影响陶注的存在。

②关于注中避唐人讳的问题，周氏举数证详说注中存在避唐讳。实际上这种说法也是有问题的，试举一例：《谋》“其身内其言外者，疏”，注云：“身在内而言‘外泄’者，必见疏也。”如果说“缧绁”作“缧绁”是为了避唐太宗的讳，那么为什么此处作“外泄”而不作“外洩”呢？因此，周氏所说的注中避讳的现象实际上是不存在的，注中并无故意避讳的情形。

③周氏以《困学纪闻》有尹知章序，从而推论“序出于尹，安见注不出尹”。周氏的这种推论方法是荒谬的。如果以周氏的论证逻辑而言，那么我们也可以这么认为：现存的《鬼谷子》注本既无尹序，那么也就不是尹注了。因此周氏的这种论证是难以令人信服的。

④周氏以注文笔法类似于《管子》注，从而推论《鬼谷子》为尹注，其实，这种说法是与事实违背的。

《管子》就题为房玄龄注，《四库提要》断为尹知章注，[1] 周氏即采用此说。即使如此，也不能证明《鬼谷子》注为尹注。《管子·九守》与《鬼谷子·符言》的文字相同，今对比两篇之注，大不相同，因此也不能以此来论证《鬼谷子》为尹注。

综上所述，周氏所论《鬼谷子》注为尹注的说法是靠不住的。

现在看来，今本《鬼谷子》注为陶弘景注无疑，这一说法的依据主要有如下几点：

第一，今日所见秦氏嘉庆刊本，即是钱遵王本，而钱本系据宋本而来，其书卷首题曰：“东晋贞白先生丹阳陶弘景注”，而南宋《中兴书目》也说：“一本始末皆东晋陶弘景注”，清人徐鲲说：“钱遵王旧物乃据宋本传录者，如卷首所题东晋贞白先生丹阳陶弘景注一行，系沿南宋《中兴书目》之误，似即当时馆阁著录之本。”即今日所见最早之宋本已题陶弘景注。

[1] [清]永瑢等著：《四库全书总目》，第847页上、中。

第二，由历代书志所记载来看，《鬼谷子》一书自南宋《中兴书目》而后，只有陶注传承不绝。

第三，陈振孙《直斋书录解题》曰："《隋志》有皇甫谧、乐壹二家注，今本称陶弘景注。"[1] 陈振孙为南宋宁宗时人，可证《鬼谷子》书至南宋宁宗时期，时人所广为流传的唯有陶注。

综上所述，历代为《鬼谷子》作注的有皇甫谧、乐壹、尹知章、陶弘景四家，今本《鬼谷子》的注是陶弘景的注，殆无所疑。

(三)《鬼谷子》的真伪问题

由于《鬼谷子》一书不为《汉书·艺文志》所记载，从《隋书·经籍志》始被列为纵横家著作，因而后世有不少学者据此怀疑它是后人伪撰的书。首先提出这一问题的是唐代学者柳宗元，他曾作《辩鬼谷子》一文进行讨论：

> 《鬼谷子》要为无取。汉时刘向、班固录书无《鬼谷子》。《鬼谷子》后出，而险盭峭薄，恐其妄言乱世，难信，学者宜其不道。而世之言纵横者，时葆其书。尤者，晚乃益出七术，怪谬异甚，不可考校，其言益奇，而道益狭，使人狙狂失守，而易于陷坠。[2]

柳氏对《鬼谷子》一书做出的"后出"和"险盭峭薄"的评价对后世影响很大，历代学者都是沿着柳氏这两个观点来继续评价《鬼谷子》的。

柳氏之后的学者关于《鬼谷子》是伪书的论证，比较重要的有明代学者胡应麟《四部正伪》、清人姚际恒《古今伪书考》及四库馆臣所撰《四库总目提要》等。综观这些观点，可知其论证《鬼谷子》为伪书的最核心的依据便是"《汉志》不载"，但事实上这一依据是有问题的：如果我们说《汉志》不载便是伪书的话，那么我们必须首先要保证先秦所有的典籍都被《汉志》所载，没有遗漏，但事实上这一前提是无法保证的，因此我们

---

[1] [宋]陈振孙撰，徐小蛮、顾美华点校：《直斋书录解题》，第294页。

[2] [唐]柳宗元著，易新鼎点校：《柳宗元集》，北京：中国书店，2000年，第63页。

便不能以此为据来判定《鬼谷子》是伪书了。

笔者认为，我们要对《鬼谷子》是先秦典籍还是后世伪托之书做出判断，应该采取更为严谨的论证方法：可以通过较早典籍对《鬼谷子》的称引、记载来判断。

由于《隋书·经籍志》已经记载有皇甫谧、陶弘景的注，那么我们可以确知《鬼谷子》一书在魏晋时期是存在的。那么我们需要看看两汉时期学者关于《鬼谷子》的称引、记载。就现有的材料来看：刘向《说苑》已经引用《鬼谷子》之文，《鬼谷子》部分篇名也经常出现在汉人的记载中，此皆可证《鬼谷子》一书在汉时已经流传，也可进一步证明《鬼谷子》为先秦典籍。我们分称引原文、记载篇名两个层面对这一问题进行说明：

1. 汉时称引《鬼谷子》者

刘向《说苑·善说》篇曾引《鬼谷子》：

《鬼谷子》曰：人之不善而能矫之者，难矣。说之不行，言之不从者，其辩之不明也；既明而不行者，持之不固也；既固而不行者，未中其心之所善也。辩之，明之，持之，固之，又中其人之所善，其言神而珍，白而分，能入于人之心，如此而说不行者，天下未尝闻也。此之谓善说。

《史记·太史公自序》曾称引《鬼谷子》：

故曰：圣人不朽，时变是守。虚者，道之常也；因者，君之纲也。

司马贞《索隐》云："此出《鬼谷子》，迁引之以成其章，故称'故曰'也。"

按：上述两段引文虽不见于今本《鬼谷子》，然其在汉时流传，为先秦古籍应当是可以肯定的。

2. 汉时记载《鬼谷子》篇名者

《史记·苏秦列传》："苏秦者，东周洛阳人也。东事师于齐，而习之于鬼谷先生……于是得周书阴符，伏而读之，期年以出揣摩。"

裴骃《集解》云："《鬼谷子》有《揣》《摩》篇也。"

司马贞《索隐》云："王劭曰：'《揣情》《摩意》是鬼谷之二章名，非为一篇也。’”

张守节《正义》曰：“《鬼谷子》有《揣》及《摩》二篇，言揣诸侯之情，以其所欲切摩，为揣之术也。”

按：从以上三家注所说，可知在汉代《鬼谷子》的篇名是屡见于学者论述的，由此亦可证《鬼谷子》为先秦典籍。

综上所述，《鬼谷子》为先秦典籍，如果结合我们在讨论《鬼谷子》作者时的论述，这里应当指出今本《鬼谷子》之卷上、卷中为先秦典籍，而卷下所论有浓厚的道教和佛教思想，当为魏晋时人伪托成书。

(四)《鬼谷子》的主要内容

《鬼谷子》一书主要是谈论纵横权谋之术的，它教人如何以言语来游说别人。但是，《鬼谷子》虽然教人游说别人，并非只是为了逞口舌之辩，或做单纯的学术探讨，而是为了以纵横权谋之术使自己能被重用，从而实现安邦定国的政治抱负。

《鬼谷子》一书的上、中两卷旨在讲述游说时所应遵守的原理与原则，大体说来，此两卷中，除《符言》篇外，我们都可以把它看成游说技巧，现在依次略述如下：《捭阖》篇将人与事分成阴、阳两类，并以开、阖的方式去说服对方。《反应》篇是说明反观和覆验的重要性：“反”以观彼，“覆”以知己。“反”是以对方的立场来观察对方，“覆”是一再地审察自己。《内揵》篇以“内”（进言辞）和“揵”（提供谋略）两种方式，来赢取君主对自己的信任。《抵巇》篇是说明事物都有衅隙，衅隙有大有小，因而抵塞的方法也各有不同：或抵而塞之，或抵而得之。《飞钳》篇主要讲我们要依据对方的才干、专长的不同，替他制造各种“飞”（声誉），让对方由衷地感谢自己，完全地信任自己，然后我们就可以任意地“钳”制对方。《忤合》篇主要是讲在游说的时候要利用游说的技巧来处理去就与向背的问题。《揣》篇分为“量权”与“揣情”两部分：“量权”是揣量各国国势的强弱，山川地形的险要，人民货财的多少；“揣情”是揣摩诸侯情感的好恶与真伪。《摩》篇主要讲述要以对方所期盼的事情去顺合他，诱惑他，让他有所行动。《权》篇主要是讲述在进行游说时，要根据游说对象的不同谨慎地选择游说时所要使用的言辞技巧。《谋》篇是讲述应该如何设计计谋，来根据对方的反应游说对方。《决》篇是告诉我们哪些事情值得花费心力去做决断，并教我们如何做决断。

《鬼谷子》下卷旨在阐述游说者本身所应具备的内在涵养与修炼。现将各篇内容分述如下：《本经阴符七术》分为七个部分，其中《盛神》《养志》《实意》三篇旨在说明如何去充实意志，涵养精神；《分威》《散势》《转圆》《损兑》四篇是告诉我们如何将内在的精神运用于外，如何运用内在的心神去处理外在的事物。《持枢》篇残缺，但是其大意是告诉我们要把握住纲领与关键，并以此运转事物。《中经》篇是讲应该如何用内心去经营外物，文中告诉我们由内经外的七种方法："见形为容、象体为貌""闻声知音""解仇斗郄""缀去""却语""摄心""守义"等。

凡　例

一、本书各节均由导读、原文、注释、校勘、译文五部分组成。书末的“《鬼谷子》佚文”部分则仅由原文与译文组成。

二、本书以嘉庆十年江都秦氏刊本为底本，简称“嘉庆刊本”。参校本有：明正统《道藏》本；明嘉靖乙巳抄本。校勘时，直接用他本校改底本，在校改的文字上作“[ ]”标记，并在每节后出校勘记，说明校改理由。

三、本书分卷依“嘉庆刊本”之旧，分为卷上、卷中、卷下三部分。

四、本书注释对文中涉及思想的关键词句的解释非常详细，以便读者更好理解鬼谷子的思想。

五、本书译文以直译为主，意译为辅。

目 录

卷上

卷中

卷下

鬼谷子

卷上

捭 阖

导读

“捭阖”，就是开启、闭合的意思，它是纵横家们在游说的过程中经常采取的手段。纵横家们可以先向对方表明自己的真实意图，并以言辞打动对方，从而使对方可以愉快地接受自己的言辞和计谋；也可以在游说过程中先隐藏自己的真实意图，然后采取游说的技巧让对方先说出真实的意图，并据此来决定自己下一步如何行动。

本篇认为“捭阖”是天地运行之道，是游说他人的基本方法。全篇旨在阐述“捭阖”的原理以及其运用于游说之术的方法。从结构上来看，全篇由两个部分组成：

前半部分主要阐述“捭阖”的原理，分别阐述了：

第一，什么是“捭阖”？本篇在回答这个问题时以先秦时期的“阴阳观念”作为理论基础。《周易·系辞》曰：“一阴一阳谓之道。”“一阖一辟谓之变。”本篇也指出“观阴阳之开阖以名命物”。即是指出了圣人因阴、阳而有开、阖；文章进一步指出“捭阖”就是阴阳开合，或阴或阳，或开或阖。如此一来，本篇也就把游说的实践上升到哲学的高度，即文中“捭阖者，道之大化”。

第二，为什么可以使用“捭阖”？文中指出“夫贤不肖、智愚、勇怯有差，乃可捭，乃可阖”，即是说人们有贤能与不贤能，智慧与愚蠢，勇敢与怯懦的差别，所以可以采用“捭阖”的策略来游说，从而得到利益和好处，即文中所谓“阖而捭之，以求其利”。

第三，如何运用“捭阖”？关于“捭阖”的运用方式，本文指出：

“或开而示之，或阖而闭之。开而示之者，同其情也；阖而闭之者，异其诚也。”即“捭”需要侦察对方的实情，“阖”则需要结交对方的诚意。并且在具体的使用过程中要根据对方的具体情况来决定采用哪种手段。同时文中还指出要使用“捭”就要注重周密，而要使用“阖”就要注意隐秘，即文中所谓“即欲捭之贵周，即欲阖之贵密”。

后半部分阐述了“捭阖”可运用于游说的具体方法。文中指出“捭阖”之道可以从“阴”“阳”两方面施行，根据这两方面并采取适当游说的策略，就可以无往而不利。即文中所谓“可以说人，可以说家，可以说国，可以说天下”。

本篇为《鬼谷子》的首篇，读懂本篇对理解《鬼谷子》的思想体系非常重要。其后的《反应》《抵巇》《飞钳》《忤合》等五篇也是以此篇为立论基础的。

原文

粤若稽古[1]，圣人之在天地间也，为众生之先。观阴阳之开阖以名命物[2]，知存亡之门户[3]，筹策[4]万类之终始，达人心之理，见变化之朕焉，而守司其门户[5]。故圣人之在天下也，自古及今，其道一也。

变化无穷，各有所归[6]。或阴或阳，或柔或刚；或开或闭，或弛或张。是故圣人一守司其门户，审察其所先后[7]，度权量能，校其伎巧短长[8]。

译文

查考历史，圣人生活在天地之间，是众生的先觉。圣人通过观察阴阳的开启与闭合，来命名事物，他们了解生死、兴衰的关键，谋划万物发展的始终，通达人心的规律，揭示万物的形迹与预兆，因而能掌握它存亡的关键。所以，圣人处在天地之间，从古至今，他们所奉行的“道”都是相同的。

事物的变化是无穷尽的，并且都有各自的归属：有阴有阳，有柔有刚；有开有闭，有弛有张。所以圣人要始终掌握它存亡的关键，仔细考察哪些事物应先行，哪些事物应后行，揣度对方的权谋，估量对方的才能，比较他们技艺的高低。

注释

1 **粤若稽古：**粤、若，都是句首语气词，无实意。粤若，在其他先秦文献中也被写作“曰若”，如《尚书·尧典》：“曰若稽古，帝尧曰放勋。”又被写作“越若”，如《尚书·召诰》：“越若来三月，惟丙午朏。”稽，考、查考。粤若稽古，即曰若稽古，是追述古事的开头用语。

2 **观阴阳之开阖以名命物：**以名命物，即用名字来命名事物。名，名字。命，命名。陶弘景注云：“阳开以生物，阴阖以成物，生成既著，须立名以命之也。”意思是说：圣人通过观察阴阳的开启与闭合，来命名事物。

3 **门户：**房屋墙院的出入处，比喻事物的关键。这里指的是生死、兴衰的关键。

4 **筹策：**原本指古代计算的工具，这里是谋划的意思。《史记·高祖本纪》中“夫运筹策帷帐之中，决胜于千里之外，吾不如子房”之“筹策”即此意。

5 **见变化之朕焉，而守司其门户：**朕，形迹；预兆。《淮南子·诠言》：“藏无形，行无迹，游无朕”，高诱注：“朕，兆也。”守司，掌握。陶弘景注云：“万类之终始，人心之理，变化之朕，莫不朗然玄悟而无幽不测。故能筹策远见焉。”意思是说：圣人能够准确地掌握事物变化的蛛丝马迹，从而能把握生死的关键。

6 **变化无穷，各有所归：**陶弘景注云：“其道虽一，所行不同，故曰变化无穷，然有条而不紊，故曰各有所归。”意思是说：事物的变化是无穷尽的，并且都有各自的归属。

7 **是故圣人一守司其门户，审察其所先后：**陶弘景注云：“政教虽殊，至于守司门户则一。故审察其所宜先者先行，所宜后者后行之也。”意思是说：所以圣人要始终掌握它存亡的关键，仔细考察哪些事物应先行，哪些事物应后行。

8 **度权量能，校其伎巧短长：**度（duó），量；测量；计算。《左传》文公十八年有“事以度功”，杜预注：“度，量也。”权，名词，谋略。量，计算，估量。能，才能。校（jiào），比较；相比。《孙子·计篇》：“故经之以五事，校之以计而索其情：一曰道，二曰天，三曰地，四曰将，五曰法。"伎，同"技"，技巧。陶弘景注云："权，谓权谋；能，谓才能；伎巧，谓百工之役。言圣人之用人，必量度其谋能之优劣，校考其伎巧之长短，然后因材而任之也。"意思是说：揣度对方的权谋，估量对方的才能，比较他们技艺的高低，然后因材而用。

原文

夫贤不肖、智愚、勇怯[1]有差1，乃可捭，乃可阖2；乃可进，乃可退；乃可贱，乃可贵，无为以牧之3。审定有无与其实虚，随其嗜欲以见其志意4。微排其所言而捭反之5，以求其实，贵得其指6；阖而捭之，以求其利7。

或开而示之，或阖而闭之。开而示之者，同其情也；阖而闭之者，异其诚也8。可与不可，审明其计谋，以原其同异9。离合有守，先从其志10。即欲捭之贵周，即欲阖之贵密11。周密之贵微，而与道相追12。

译文

人们有贤能与不贤能，智慧与愚蠢，勇敢与怯懦的差别，因而对待人们可以开，可以闭，可以进升，可以罢黜，可以轻视，可以重视，采用顺任自然的方式来统治他们。仔细考究而断定对方才能的有无和性情的虚实，根据爱好和欲望来了解对方的志向和意愿。适当贬抑对方所说的话，当他们开放以后再反复考察，以便探察实情，切实把握对方言行的意旨。在得到实情后，就停止发问，然后开始采取行动，从而获得利益。

有时开而展示，有时闭而隐藏。若感情一致，就开而展示；若不以实相告，就闭而隐藏。至于可不可行，就要仔细考察对方的计谋，并探究异同之处。是离是和需要等待，先顺从对方的志愿考虑，然后再适时采取行动。打算开，那么最重要的是要计划周详；打算闭，那么最重要的是要保密。周详保密，最重要的是隐匿，如此就与"道"接近了。

注释

1 **夫贤不肖、智愚、勇怯有差：** 差（chā），差别，不同。陶弘景注云："言贤不肖、智愚、勇怯，材性不同，各有差品。"此处是指人们有贤与不肖，智慧与愚笨，勇敢和怯懦的差别。

2 **乃可捭，乃可阖：** 陶弘景注云："贤者可捭而同之，不肖者可阖而异之。"此句强调根据每个人的不同情况采取或捭或阖的策略。

3 **无为以牧之：** 无为是道家的哲学观念，即顺任自然。《老子》："道常无为而无不为，侯王若能守之，万物将自化。"牧，统治，治理。

4 **审定有无与其实虚，随其嗜欲以见其志意：** 审定，仔细考究而断定。陶弘景注云："言任贤之道，必审定其材术之有无，性行之虚实，然后随其嗜欲而任之，以见其志意之真伪也。"意思是说：用人之道，必须先仔细审定其才能之有无，并要从他平素之嗜好中来窥测他的意趣和志向。

5 **微排其所言而捭反之：** 排，同"厞（fěi）"，亦同"厞（fèi）"，隐也。《说文·厂部》："厞，隐也。"陶弘景注云："凡臣言事者，君则微排抑其所言，拨动而反难之，以求其实情。"意思是说：适当贬抑对方所说的话，当他们放开以后再反复考察。

6 **贵得其指：** 贵，清代学者俞樾《读书余录》指出："'贵'字乃'实'字之误。上云'以求其实'，此云'实得其指'，两文相承。陶注但曰'实情既得'，而不解'贵'字，其所据本未误也。"因此此处当是"实"字。指，通"旨"，意旨。《史记·屈原列传》中"其称文小而其指极大"的"指"即此意。

7 **阖而捭之，以求其利：** "阖"是"闭"的意思，此处是指停止发问。"捭"是"开"的意思，此处指采取行动。陶弘景注云："实情既得又自闭藏而拨动彼，以求其所言之利何如耳。"意思是说：在得到实情后，就停止发问，然后开始采取行动，从而获得利益。

8 **或开而示之，或阖而闭之。开而示之者，同其情也；阖而闭之者，异其诚也：** 陶弘景注云："开而同之，所以尽其情；阖而异之，所以知其诚也。"意思是说：有时开而展示，有时闭而隐藏。若感情一致，就开而展示；若不以实相告，就闭而隐藏。

9 **可与不可，审明其计谋，以原其同异：**原，推求本原，探究。《汉书·薛宣朱博传》："《春秋》之义，原心定罪"，颜师古注："原谓寻其本也。"陶弘景注云："凡臣所言，有可有不可，必明审其计谋，以原其同异。"意思是说：要先审察其计谋，探究自己与对方的异同，来判断其言行是否可行。

10 **离合有守，先从其志：**守，待也，等待。《战国策·秦策四》："今王使成桥守事于韩。"鲍彪注："守，犹待。"陶弘景注云："谓其计谋，虽离合不同，但能有所执守，则先从其志以尽之，以知成败之归也。"意思是说：是离是和需要等待，先顺从对方的志愿考虑，然后再适时采取行动。

11 **即欲捭之贵周，即欲阖之贵密：**周，周密，谨密。《管子·九守》中有"人主不可不周"，尹知章注："周，谨密也。"此句是讲运用捭阖的注意事项。陶弘景注云："言拨动之，贵其周遍；闭藏之，贵其隐密。"意思是说：运用"捭"，贵在考虑周到全面；运用"阖"，则贵在隐密。

12 **周密之贵微，而与道相追：**微，隐蔽，藏匿。《左传》哀公十六年："白公奔山而缢，其徒微亡。"杜预注："微，匿也。"陶弘景注云："而此二者，皆须微妙合于道之理，然后为得也。"意思是说：周详保密，最重要的是隐匿，如此就与"道"接近了。

原文

捭之者，料其情也；阖之者，结其诚也[1]。既[2]见其权衡轻重，乃为之度数[2]。圣人因而为之虑。其不中权衡度数，圣人因而自为之虑[3]。

译文

开，是为了侦察对方的情形；闭，是为了结交对方的诚心。所有这些都是为了了解对方的实力和计谋，以便探测出对方的程度和数量。圣人因而为之出谋划策。如果不能正确衡量对方的程度和数量，那么圣人就会自己为之费心思虑。

所谓"开"，或者用"开"使对方展

故捭者，或捭而出之，或捭而内之[4]。阖者，或阖而取之，或阖而去之[5]。捭阖者，天地之道。捭阖者，以变动阴阳，四时开闭，以化万物[6]。纵横、反出、反覆、反忤，必由此矣[7]。

捭阖者，道之大化，说之变也[8]。必豫审其变化，吉凶大命系焉[9]。口者，心之门户也；心者，神之主也。志意、喜欲、思虑、智谋、皆由门户出入。故关之以捭阖，制之以出入[10]。

示出自己的实情，或者用"开"能让自己的观点被接纳。所谓"闭"，或者用"闭"能让自己有所取获，或者用"闭"能让自己避开祸患。开和闭，是天地万物运行的规律。开和闭，是通过阴阳运行，四季的交替，来使万物发生变化。万物的纵横、出入、反覆、抵触，都是通过开和闭实现的。

开和闭是"道"和游说千变万化的关键。一定要事先仔细考究对方的变化，这与吉凶、天命都是紧密相联的。口，是心的门户；心，是精神的主宰。人们的志向和意愿、爱好和欲望、思维方式和智谋都是要通过口来出入。所以通过开和闭来把守住口，来控制志向和意愿、爱好和欲望、思维方式和智谋出入。

注释

1 **捭之者，料其情也；阖之者，结其诚也：** 料，预测；揣度；估量。陶弘景注云："料谓简择，结谓系束。情有真伪，故须简择；诚或无终，故须系束也。"意思是说：开，是为了侦察对方的情形；闭，是为了结交对方的诚心。

2 **既见其权衡轻重，乃为之度数：** 陶弘景注云："权衡既陈，轻重自分。然后为之度数，以制其轻重，轻重得所，因而为设谋虑，使之遵行也。"意思是说：所有这些都是为了了解对方的实力和计谋，以便探测出对方的程度和数量。

3 **圣人因而为之虑。其不中权衡度数，圣人因而自为之虑：** 陶弘景注云：

"谓轻重不合于斤两，长短不充于度数，便为废物，何所施哉？圣人因是自为谋虑，更求其反也。"意思是说：圣人因而为之出谋划策。如果不能正确衡量对方的程度和数量，那么圣人就会自己为之费心思虑。

4 **故捭者，或捭而出之，或捭而内之：** 内，同"纳"，收纳。《左传》襄公二十七年"纳我者死"即用此意。陶弘景注云："谓中权衡者，出而用之；其不中者，内而藏之也。"意思是说，采用"捭"之策略，或者让对方说出自己的实情，或者是让对方接纳自己的意见。

5 **阖者，或阖而取之，或阖而去之：** 陶弘景注云："诚者，阖而取之；不诚者，阖而去之。"意思是说，用"阖"的策略，或者从对方处得到自己需要的东西；或者要离开对方，使自己避免灾祸。

6 **捭阖者，以变动阴阳，四时开闭，以化万物：** 陶弘景注云："阴阳变动，四时开闭，皆捭阖之道也。"意思是说：开和闭是通过阴阳运行，四季的交替，来使万物发生变化。

7 **纵横、反出、反覆、反忤，必由此矣：** 清代学者俞樾在《诸子平议补录·卷十三》中说："'反出''反忤'四字，衍文也。此文当读至'万物'绝句，四时开闭，以化万物，纵横反覆，必由此矣，其文甚明。写者衍'反出''反忤'四字，陶氏遂于'横'字绝句。'反出''反覆''反忤'并列为三义，虽曲为之说，不可通也。"按：俞说虽辨，缺乏版本依据，今不取，故不以"反出""反忤"四字是衍文。陶弘景注云："纵横谓废起万物，或开以起之，或阖而废之。"又云："言捭阖之道，或反之令出于彼，或反之覆来于此，或反之于彼忤之于此，皆从捭阖而生。故曰：必由此也。"意思是说：万物的纵横、出入、反覆、抵触，都是通过开和闭实现的。

8 **捭阖者，道之大化，说之变也：** 俞樾《诸子平议补录·卷十三》认为："'大'字，衍文也。'道之化''说之变'相对成文。注云：'言事无开阖，则大道不化。言说无变，故开闭者所以化大道，变言说。'注中'大'字乃陶氏加以足句。正文本无'大'字……正文'大'字即涉注文而衍。"按：俞说或然，但是从现存各版本来看均存'大'字，故暂不取俞说。 陶弘景注云："言事无开阖则大道不化，言说无变。故开闭者，所以化大道，变言说。”意思是说：开和闭是“道”和游说千变万化的关键。

9 **必豫审其变化，吉凶大命系焉：**豫，事先有所准备。《广韵》“豫，备先也”即此意。陶弘景注云：“事虽大，莫不成之于变化，故必豫审之。”意思是说：要采用捭阖之道，一定要预先察觉事物的变化趋势，这是关乎吉凶、性命的大事。

10 **故关之以捭阖，制之以出入：**陶弘景注云：“言上八者，若无开闭，事或不节。故关之以捭阖者，所以制其出入。”意思是说，只有运用“捭阖”来控制，才能更好地节制由口而出的志意、喜欲、思虑、智谋。

原文

捭之者，开也，言也，阳也；阖之者，闭也，默也，阴也。阴阳其和，终始其义[1]。故言长生、安乐、富贵、尊荣、显名、爱好、财利、得意、喜欲，为阳，曰“始”。故言死亡、忧患、贫贱、苦辱、弃损、亡利、失意、有害、刑戮、诛罚，为阴，曰“终”。诸言法阳之类者，皆曰“始”，言善以始其事。诸言法阴之类者，皆曰“终”，言恶以终其谋。

捭阖之道，以阴阳试之[2]。故与阳言者，依崇

译文

所谓“捭”，就是开，就是语言，这属于“阳”；所谓“阖”，就是闭，就是缄默，这属于“阴”。阴阳协调，始终合宜。所以说长生、安乐、富贵、尊荣、显名、爱好、财利、得意、喜欲等属于“阳”，叫做“始”。所以说死亡、忧患、贫贱、苦辱、弃损、亡利、失意、有害、刑戮、诛罚等属于“阴”，叫做“终”。凡是遵循“阳”的事物，都被称为“始”，指从“善”开始行事。凡是遵循“阴”的事物，都被称为“终”，指以“恶”来终结谋略。

“捭阖”之道，要从阴阳两方面来施行。因此，与遵循阳道的人交谈要依靠崇高的原则，与遵循阴道的人交谈，要依托卑下的策略。以卑下来求微小，

高；与阴言者，依卑小[3]。以下求小，以高求大[4]。由此言之，无所不出，无所不入，无所不可。可以说人，可以说家，可以说国，可以说天下。为小无内，为大无外[5]。益损、去就、倍反，皆以阴阳御其事[6]。

阳动而行，阴止而藏，阳动而出，阴隐而入。阳还终阴，阴极反阳。以阳动者，德相生也；以阴静者，形[7]相成也。以阳求阴，苞[8]以德也；以阴结阳，施以力也。阴阳相求，由捭阖也[9]。此天地阴阳之道，而说人之法也。为万事之先，是谓"圆方[10]之门户"。

以崇高来求博大。因此说来，没有什么是不可出的，没有什么是不可入的，没有什么是不可行的。可以以此来游说一人、游说一家、游说一国、游说天下。不论所做的事是大是小，都不能局限于本身。在游说过程中，言辞之增减，是离开还是靠近对方，还是另投他人，都是由"阴阳"来处理。

"阳"是运动前行，"阴"是静止隐藏；"阳"运动而显出，"阴"随行而藏入。"阳"发展到极点就变成"阴"，"阴"发展到极致就是"阳"。遵循"阳"而行的，德就会生；遵循"阴"静匿的，就是受到刑罚。以"阳"求"阴"，需要"德"来包容；以"阴"来结纳"阳"，则需要施之以外力；阴阳互求，则需要依靠"捭阖"的原则。这是天地阴阳运行之"道"，也是游说他人的基本方法，是万物之先导，是天地运行的关键。

注释

1 **阴阳其和，终始其义：**义，宜也，适宜。《左传》昭公二十五年"地之义也"，孔颖达曰："义，宜也。"陶弘景注云："开闭有节，故阴阳和，先后合宜，故终始义。"意思是说：运用捭阖之道，就能阴阳相合，"终"和"始"都会合宜。

2 **捭阖之道，以阴阳试之：**试，用也，使用。《吕氏春秋·用民》中"阖庐试其民于五湖”，高诱注：“试，用也。”陶弘景注云：“谓或拨动之，或闭藏之。以阴阳之言试之，则其情慕可知。”意思是说，要从阴阳两个方面使用捭阖之道。

3 **故与阳言者，依崇高；与阴言者，依卑小：**陶弘景注云：“谓与阳情言者，依崇高以引之；与阴情言者，依卑小以引之。”此句强调要根据不同的人采取不同的游说策略。意思是说：与遵循阳道的人交谈要依靠崇高的原则，与遵循阴道的人交谈要依托卑下的策略。

4 **以下求小，以高求大：**陶弘景注云：“阴言卑小，故曰以下求小；阳言崇高，故曰以高求大。”意思是说：以卑下来求微小，以崇高来求博大。

5 **为小无内，为大无外：**无，介词，表示条件关系，相当于“无论”“不论”。《墨子·法仪》：“无巧工、不巧工，皆以此五者为法。”陶弘景注云：“尽阴则无内，尽阳则无外。”意思是说，不论所做的事是大是小，都不能局限于本身。

6 **益损、去就、倍反，皆以阴阳御其事：**倍，背也。《史记·项羽本纪》中“愿伯具言臣之不敢倍德也”，即此意。陶弘景注云：“以道相成曰益，以事相贼曰损。义乖曰去，志同曰就。去而遂绝曰倍，去而覆辟来曰反。凡此不出阴阳之情。故曰：‘皆以阴阳御其事也。’”意思是说：在游说过程中，言辞之增减，是离开还是靠近对方，还是另投他人，都是由“阴阳”来处理。

7 **形：**通“刑”，刑罚。《逸周书·武纪》中“其形慎而杀”，朱右曾曰：“形，即刑也。”

8 **苞：**通“包”，包容。《潜夫论·德化》中“德者，所以苞之也”，即用此意。

9 **阴阳相求，由捭阖也：**陶弘景注云：“君臣所以能相求者，由开闭而生也。”意思是说，以阴求阳，或以阳求阴，都要有“捭阖”之道。

10 **圆方：**指天地。古人认为“天圆地方”，所以用圆、方来代指天地。

校勘

[1] 嘉庆刊本“勇怯”后原有“仁义”二字，缪荃孙曰：“‘仁义’二字

疑衍，与贤不肖、智愚、勇怯不同，注亦未及。”从缪说删。

[2] 嘉庆刊本原作“皆”，今据明嘉靖乙巳抄本改。

反 应

导读

“反应”指“反覆之回应”，是说要探求对方的真实情况，就要返诸对方以求，对方必有回应。《太平御览》卷四百六十二引用本篇称作“反覆”。所谓“反”就是反观对方，“覆”就是审察自己。也就是说要先站在对方的立场上看问题，来求得对方的回应，并根据回应采取措施。本篇旨在讲述如何利用“反应”之术以求得对方的真实情况，从结构上来看，全篇分为三部分：

第一部分讲“反应”之术是天下之理，圣人之意，事情都可以利用“反应”之术来实现。

第二部分讲如何利用“反应”之术得到对方的实情。文中指出：在言谈中运用“象”“比”的游说方法，通过“钓语”来引诱对方有所回应，并借此得到对方的实情，即“言有象，事有比，既有象比，以观其次。象者象其事，比者比其辞也，以无声求有声。其钓语合事，得人实也”。如果对方没有回应，没有表露出实情，那就需要改变言谈的“象”和“比”，只有善于改变，改变得当的人，才能迅速掌握对方的实情。即“变象比，必有反辞，以还听之。……象而比之，以牧其辞。同声相呼，实理同归”。

第三部分讲利用“反应”之术应该注意的事项。文中指出：只有在知己的前提下，了解对方的情况，并事先做好预判。即“故知之始己，自知而后知人也”。如果预判不确定，那窥探的实情就不准确，即“己不先定，牧人不正。事用不巧，是谓忘情失道”。只有做好明确的预判，才能准确窥探对方的实情，也才能保证计策万无一失，才能像天神一样圣明。即“己审先定以牧人，策而无形容，莫见其门，是谓天神”。

本篇所讲的通过“反应”的游说技巧来窥探对方的真正意图，是纵横策士收集信息的重要方式，至今仍会对心理学、经济学（如涉及商务谈判等）具有一定的指导意义。

原文

古之大化者[1]，乃与无形[2]俱生。反[3]以观往，覆[4]以验来；反以知古，覆以知今；反以知彼，覆以知己[5][1]。动静虚实之理，不合于今，反古而求之。事有反而得覆者，圣人之意也[6]，不可不察。

人言者，动也；己默者，静也。因其言，听其辞[7]。言有不合者，反而求之，其应必出[8]。言有象[9]，事有比[10]，既有象比[2]，以观其次。象者象其事；比者比其辞也。以无形求有声，其钓语[11]合事，得人实也。其犹张罝[12]网而取兽也。多

译文

古时的圣人，其行为始终与“道”相合。他们回顾过去，预测未来；能了解古代，同时熟知现代；能洞察对方，同时能认识自己。如果动静、虚实的原则，不符合现今，那么就返回古代去探求。事情是要经过反复探索才能把握的，这是圣人的见解，不可不详细审察。

别人发表言论，这是动；自己缄口不言，这是静。根据对方的言论，来判断其言辞的内涵。对方言辞透露出来的信息与自己想要得到的不相符合，那么就返回去继续去求，那么一定能得到符合自己的信息。言谈时用某类事物来象征所谈的事物，做事时以同类事理作类比，在有象征和类比之后，再观察对方的情感。象，就是象征所谈的事物；比，就是类比对方的言辞。运用“象”“比”的手法去游说，就能在无形之中得到对方的有声回应。引诱对方说出的言辞，如果与事实相一致，就可以刺探到对方的实情。就好比张网去捕野兽一样。在野

张其会而司之，道合其事，彼自出之，此钓人之网也[13]。

兽聚集的地方多设几张网然后等待。如果把捕野兽的这个办法也能应用到人事上，那么对方也会自己出来的，这是钓人的“网”。

注释

1 **大化者：**指圣人。《鬼谷子》各篇多以“圣人”立论，这里的“大化者”就应当指“圣人”。后文“圣人之意也，不可不察”也有所印证。

2 **无形：**这里的“无形”指的是“道”，是事物变化的本原。

3 **反：**同“返”，返回，回顾。

4 **覆：**同“复”，往来。

5 **反以知古，覆以知今；反以知彼，覆以知己：**陶弘景注云：“言大化圣人，稽众舍己，举事重慎，反覆详验。欲以知来，先以观往；欲以知今，先以考古；欲以知彼，先度于己。故能举无遗策，动必成功。”意思是说：能了解古代，同时熟知现代；能洞察对方，同时能认识自己。

6 **事有反而得覆者，圣人之意也：**覆，掩蔽之处。《汉书·京方传》：“此上大夫覆阳而上意疑也。”颜师古注：“覆，掩蔽也。”这里指的是只有反复探求才能发现事物的掩蔽之处。陶弘景注云：“事有不合反而求彼，翻得覆会于此，成此在于考彼，契今由于求古，斯圣人之意也。”意思是说：事情是要经过反复探索才能把握的，这是圣人的见解。

7 **因其言，听其辞：**因，依也，根据，依靠。《吕氏春秋·尽数》中“因智而明之”，高诱注：“因，依也”，即此意。陶弘景注云：“以静观动，则所见审；因言听辞，则所得明。”意思是说：根据对方的言论，来判断其言辞的内涵。

8 **言有不合者，反而求之，其应必出：**陶弘景注云：“谓言者或不合于理，未可即斥，但反而难之，使自求之，则契理之应，怡然自出也。”意思是说：对方言辞透露出来的信息与自己想要得到的不相符合，那么就返回去继续去求，那么一定能得到符合自己的信息。

9 **象：**象征，这里指在谈话时用某类事物来象征所要谈论的事物。

10 **比：**譬喻；类比，相比附。《汉书·陈汤传》中“无比者先以闻”，颜师古注："比谓相比附也。"这里是指以历史上或现实中同类事理作类比。

11 **钓语：**用作引诱的话，这里是指通过言语来引诱对方说出实情。陶弘景注云："得鱼在于投饵，得语在于发端，发端则语应，投饵则鱼来。故曰钓语。"

12 **罝(jū)：**原意是捕捉兔子的网，也泛指捕捉鸟兽的网。《汉书·货殖列传》中"罝网不布于野泽"，颜师古注曰："罝，兔网也。"罝、网为同意连用。

13 **多张其会而司之，道合其事，彼自出之，此钓人之网也：**司，等候，守候。《战国策·赵策三》中"而谨司时"，鲍彪注："司，同伺。"陶弘景注云："张网而司之，彼兽自得。道合其事，彼理自出。言理既彰，圣贤斯辨，虽欲自隐，其道无由。故曰钓人之网也。"意思是说：在野兽聚集的地方多设几张网然后等待。如果把捕野兽的这个办法也能应用到人事上，那么对方也会自己出来的，这是钓人的"网"。

原文

常持其网驱之，其不言无比，乃为之变[1]。以象动之，以报其心，见其情，随而牧之[2]。己反往，彼覆来，言有象比，因而定基[3]。重之袭[4]之，反之覆之，万事不失其辞。圣人所诱愚智，事皆不疑。故善反听者，乃变鬼神以得其情[5]。其变当也，

译文

如果经常用这个"网"去引诱对方，而对方的言辞中没有可用来作类比的信息，那么就要改变谈论的方式。用所谈事物的象征来打动对方，迎合他的心意，就能够发现他的情感，并进而明察对方的意图。自己反推回去以求对方回应，对方回应过来，言谈有了象征与类比，所以自己就有了确定的计谋。再三详审这个方法，没有任何事情能脱离言辞。圣人用这个方法来诱导感化愚者或智者，都不会有差错。所以善于反听之法的人，能像鬼神一样变化多端，从而得到对方的实情。变化得当，观察就是明确的。观察不清

而牧之审也。牧之不审，得情不明；得情不明，定基不审[6]。

变象比，必有反辞，以还听之[7]。欲闻其声反默，欲张反敛，欲高反下，欲取反与[8]。欲开情者，象而比之，以牧其辞。同声相呼，实理同归。

或因此，或因彼，或以事上，或以牧下[9]。此听真伪，知同异，得其情诈也[10]。动作言默，与此出入，喜怒由此以见其式。皆以先定为之法则。以反求覆，观其所托。故用此者，己欲平静以听其辞，察其事，论万物，别雄雌[11]。虽非其事，见微知类[12]。若探人而居其内，量其能射其意，符应不失，如螣蛇之所指，若羿之引矢[13]。

楚，所得到的实情就不明确；所得到的实情不明确，确定下来的计谋也就不清楚。

改变言辞的象征和类比，对方必然有回应的言辞，再根据对方回应过来的言辞来判断对方的意图。想要听到对方的声音，自己就要先保持沉默；想要有所张开，就要先有所收敛；想要升高，就要先降低；想要有所获取，就要先有所给予。想要了解对方的实情，就要用言辞的象征来类比，从而伺察对方的言谈。声音相同就会彼此呼应，道理一致就会达成共识。

或由此发端，或由彼发端，或卑身以侍奉在上位者，或居高以伺察在下位者。这就是辨别真伪，了解异同，判断真诚与伪诈的法则。动作的行止，言语的喧闹或沉默，都与此有关，感情的喜怒也都由此来显现端倪。这些都是以自己的预先判定作为法则的。通过反推来求得对方的回应，并观察对方回应的依托。所以使用这种方法，要使自己平静下来，来判断对方言辞的意图，观察对方的实情，论说万物，辨别雌雄。即使所说不是实情，也能通过微小的细节来推知事物的实质。好比要了解一个人就要深入其内心，估量他的才能，来判断他的意图，这样就会像符节一样不会有差错，像螣蛇预言祸福一样准确，像后羿射箭一样精准。

注释

1 **其不言无比，乃为之变：**陶弘景注云："或乖彼，遂不言无比，如此则为之变。变常易网，更有以象之者矣。"意思是说：对方的言辞中没有可用来作类比的信息，那么就要改变谈论的方式。

2 **以象动之，以报其心，见其情，随而牧之：**报，合，重合；迎合。《礼记·丧服小记》："讪而反以报之。"郑玄注："报，犹合也。"牧，察也，伺察，窥探。《方言》："监，牧察也。"俞樾《诸子平议补录·卷十三》云："此牧字，当训察，故下文曰'其变当也，而牧之审也。牧之不审，得情不明。'陶注训为'牧养'，则与下义不合矣。"俞说正确。陶弘景注云："此言其变也。报，犹合也，谓更开法象以动之，既合其心，则其情可见，因随其情慕而牧养之也。"意思是说：用所谈事物的象征来打动对方，迎合他的心意，就能够发现他的情感，进而明察对方的意图。

3 **己反往，彼覆来，言有象比，因而定基：**基，计谋。《诗经·周颂·昊天有成命》中"夙夜基命宥密"，此处"基"即"谋"之意。陶弘景注云："己反往以求彼，彼必覆来而就职，则奇策必申。故言有象比，则口无择言。故可以定邦家之基也。"陶注皆"基"为"邦家之基"不可取。意思是说：自己反推回去以求对方回应，对方回应过来，言谈有了象征与类比，所以自己就有了确定的计谋。

4 **袭：**本义是重衣，衣上加衣，引申为重叠，重复。《左传》哀公十年"卜不袭吉"，杜预注："袭，重也。"

5 **故善反听者，乃变鬼神以得其情：**陶弘景注云："言善反听者，乃坐忘遗鉴，不思玄览。故能变鬼神以得其情，洞幽微而冥会。夫鬼神本密，今则不能，故曰变也。"意思是说：所以善于反听之法的人，能像鬼神一样变化多端，从而得到对方的实情。

6 **牧之不审，得情不明；得情不明，定基不审：**审，明白，清楚。《战国策·秦策一》中"言不审亦当死"，鲍彪注："审，悉也。"《淮南子·本经》中"审于符者"，高诱注："审，详也。"两处与此处意思相同。陶弘景注云："情明在于审牧，故不审则不明；审基在于情明，故不明则不审。”意思是说：观察不清楚，所得到的实情就不明确，那么确定下来的计谋也就不明确。

7 **变象比，必有反辞，以还听之：** 陶弘景注云：“谓言者于象比有变，必有反辞以难之，令其有言，我乃还静以听之。”意思是说：改变言辞的象征和类比，对方必然有回应的言辞，再根据对方回应过来的言辞来判断对方的意图。

8 **欲闻其声反默，欲张反敛，欲高反下，欲取反与：** 陶弘景注云：“此言反听之道，有以诱致之，故欲闻彼声，我反静默；欲彼开张，我反睑敛；欲彼高大，我反卑下；欲彼收取，我反施与。如此则物情可致，无能自隐也。”意思是说：想要听到对方的声音，自己就要先保持沉默；想要有所张开，就要先有所收敛；想要升高，就要先降低；想要有所获取，就要先有所给予。

9 **或因此，或因彼，或以事上，或以牧下：** 因，介词，表示原因，相当于“因为”“由于”。《史记·卫将军骠骑列传》：“张骞从大将军，以尝使大夏，留匈奴中久，导军，知善水草处，军得以无饥渴，因前使绝国功，封骞博望侯。”这个“因”即用此意。陶弘景注云：“谓所言之事，或因此发端，或因彼发端，其事有可以事上，可以牧下也。”意思是说：或由此发端，或由彼发端，或卑身以侍奉在上位者，或居高以伺察在下位者。

10 **此听真伪，知同异，得其情诈也：** 听，察；辨别；判断。《战国策·秦策一》：“且轸欲去秦而之楚，王何不听乎？”高诱注：“听，察也。”陶弘景注云：“谓真伪、同异、情诈，因此上事而知也。”意思是说：这就是辨别真伪，了解异同，判断真诚与伪诈的法则。

11 **己欲平静以听其辞，察其事，论万物，别雄雌：** 陶弘景注云：“谓听言之道，先自平静，既得其辞，然后察其事，或论序万物，或分别雄雌也。”意思是说：要使自己平静下来，来判断对方言辞的意图，观察对方的实情，论说万物，辨别雌雄。

12 **见微知类：** 陶弘景注云：“谓所言之事，虽非时要，然观此可以知彼，故曰见微知类也。”这里指从微小的事情上就可观察出大事物的变化。

13 **如螣蛇之所指，若羿之引矢：** 螣（téng）蛇，古代传说中的一种会飞的神蛇，能兴云雾而游其中。《尔雅·释鱼》："螣，螣蛇。"羿，后羿，神话中善射箭者。陶弘景注云："螣蛇所指，祸福不差；羿之引矢命处辄中。听言察情，不异于此。"这里是指能够准确把握对方的意图，从而使行动能达到自己的目的。

原文

故知之始己，自知而后知人也。其相知也，若比目之鱼；其见形也，若光之与影[1]。其察言也不失，若磁石之取针，如舌之取燔骨[2]。其与人也微，其见情也疾，如阴与阳，如阳与阴；如圆与方，如方与圆。[3] 未见形，圆以道之；既见形，方以事之。[3] 进退左右，以是司之。己不先定，牧人不正。事用不巧，是谓忘情失道[4]；己审先定以牧人，策而无形容，莫见其门，是谓天神[5]。

译文

所以要了解其他人或事物，首先要从知己开始，先有自知之明，然后才能了解别人。自己与对方相互了解就要像比目鱼一样紧密跟随；掌握对方的形迹，就像光与影一样随行。观察对方的言辞没有差错，就像磁石吸取铁针，用舌头剥去熟肉上的骨头一样容易。自己展现给对方的讯息少，但是却能迅速掌握对方的实情，就像阴与阳，圆与方的转化一样，变化自如。对方没有显露形迹，就要用圆滑的方式诱导他；对方已经显露出形迹，就要按规则和法度来行事。或进或退，或左或右，都要以此圆方之理来掌控。自己不能先做判定，观察别人就会不正确。如果未能按照自己预先的判定行事，这就是忘记实情而偏离了准则；自己先有清楚明确的判定，再以此来观察别人，这样计策就会不露形迹，令对方不能掌握，这就是像天神一样圣明。

注释

1 **其相知也，若比目之鱼；其见形也，若光之与影：**陶弘景注云："我能知彼，彼须我知，必两得之，然后圣贤道合。故若比目之鱼，圣贤合则理自彰，犹光生而影见也。"意思是说：自己与对方相互了解就要像比目鱼一样紧密跟随；掌握对方的形迹，就像光与影一样随行。

2 **其察言也不失，若磁石之取针，如舌之取燔骨：**针，《说文·金部》："所以缝也。"燔（fán）骨：燔，炙肉，熟肉。《战国策·魏策二》中"易牙乃煎熬燔炙"，吴师道注云："肉熟之曰燔。"燔骨指的是熟肉中的骨头。陶弘景注云："以圣察贤，复何所失。故若磁石之取针，舌之取燔骨也。"意思是：观察对方的言辞没有差错，就像磁石吸取铁针，用舌头剥去熟肉上的骨头一样容易。

3 **未见形，圆以道之；既见形，方以事之：**道，先导，引导。《左传》隐公五年："郲人告于郑曰：'请君释憾于宋，敝邑为道'。"即此意。方，法度，准则。这里是名词作动词用，指按法度、准则来行事。陶弘景注云："谓臣向晦入息，未见之时，君当以圆道之，亦既出潜离隐，见形之后，即以才职任之。"意思是说：对方没有显露形迹，就要用圆滑的方式诱导他；对方已经显露出形迹，就要按规则和法度来行事。

4 **事用不巧，是谓忘情失道：**"事用不巧"就是上文所说的"己不先定"。忘情失道，此处是指忘记得情实的规律。陶弘景注云："用事不巧，则操末续颠，圆凿方枘，情道两失，故曰忘情失道也。"意思是说：如果未能做到己先定，这就是忘记得情实的规律。

5 **己审先定以牧人，策而无形容，莫见其门，是谓天神：**陶弘景注云："己能审定，以之牧人。至德潜畅，玄风远扇，非形非容，无门无户。见形而不及道，日用而不知。故谓之天神也。"意思是说：自己现有清楚明确的判定，再以此来观察别人，这样计策就会不露形迹，令对方不能掌握，这就是像天神一样"圣明"。

校勘

[1] 嘉庆刊本原作"知此"，今据《道藏》本、明嘉靖乙巳抄本改。

[2] 嘉庆刊本原作“其有相比”，清代学者俞樾《诸子平议补录·卷十三》云：樾谨按：“其”当作“既”，注云：“前事既有象比，更当观其次。”是其所据本作“既有象比”。今从俞樾说改。

[3] “如阴与阳，如阳与阴；如圆与方，如方与圆”此句，嘉庆刊本原作“如阴与阳，如圆与方”，今据《道藏》本、明嘉靖乙巳抄本改。

内　揵

导读

内，在本篇中是指向君主进谏言辞；揵，通“楗”，本义是门栓，在本篇中指的是向君主呈献计谋策略，以此来结交君主。“内”偏重于言辞，“揵”偏重于计谋策略。因此所谓“内揵”就是指以言辞与谋略进说于君主，以此来取得君主的宠信，以此来固结君心。本篇旨在探讨君臣之间的关系以及大臣如何利用“内”和“揵”结交君主。从文义上看，本篇大致可以分为三个方面：

第一个方面，谈论君臣之间复杂微妙的关系：有的距离远却被亲近，有的距离近却被疏远，有的投奔而来不被重用，有的离开君主却被君主所追求，等等，即“君臣上下之事，有远而亲，近而疏，就之不用，去之反求。日进前而不御，遥闻声而相思”。文中还分析了产生这些现象的原因。

第二个方面，谈论大臣如何结交君主。文中指出：或以道德，或以友情，或以财货，或以阿谀。即利用君主的爱好来窥探其内心，并进而与君主交好，这样就可以无往不利。即“出无间，入无朕，独往独来，莫之能止”。

第三个方面，谈论运用“内揵”术时要注意揣摩君主的实情，保证自己的言辞和谋略要符合君主的内心，如果不符合就要有所改变。即“乃揣切时宜，从便所为，以求其变。以变求内者，若管取揵”。只有自己的言辞和计谋符合君主的内心，并在此基础上制定计谋，才能结交好君主，达到自己游说的目的，即文中所谓“得其情，乃制其术。此用可出可入，可揵可开”。

本篇以君臣复杂的关系为切入点，论述了策士应该如何运用“内揵”术，以及使用这一方法的过程中，要注意坚持从实际出发，坚持求变的原则，体现出高明的政治智慧和人生哲理，至今仍有借鉴意义。

原文

君臣上下之事，有远而亲，近而疏，就之不用，去之反求[1]。日进前而不御，遥闻声而相思[2]。事皆有内揵，素结本始[3]。或结以道德，或结以党友，或结以财货，或结以采色[4]。用其意[5]，欲入则入，欲出则出；欲亲则亲，欲疏则疏；欲就则就，欲去则去；欲求则求，欲思则思。若蚨母之从子也，出无间，入无朕，独往独来，莫之能止[6]。

内者，进说辞也；[7]揵者，揵所谋也。[8]欲说者，务隐度[9]；计事者，务循顺[10]。阴虑可否，明言得失，以御

译文

君臣之间的关系微妙而复杂：有的人与君主距离远反而被君主亲近，有的人与君主距离近却被君主疏远，有的人趋投而来却不被重用，有的人离开君主却被君主追求。有的人日夜在君主面前却不被重用，有的人只是听闻其名却被君主日夜思念。君臣结交只是有自己内在的关键，这是源于自己平时的结交。有的以道德结交，有的以友情结交，有的以财货结交，有的以阿谀逢迎结交。大臣如果能灵活运用以上四种结交君主的方式，那么就能想要进就能进，想要退就能退；想要被亲近就能被亲近，想要疏远就能疏远；想要亲近就能亲近；想要离去就能离去；想要被追求就能被追求到，想要被思慕就能被思慕。就像青蚨跟随其幼虫一样，出入没有痕迹，独来独往，没人能够阻止。

所谓“内”，就是向君主进谏自己的言论；所谓“揵”，就是固守谋略。想要去游说，最重要的就是审时度势；谋划事情，最重要的就是顺从规律。自己私底下考虑计谋可行与否，然后公开说出计谋的得失，以

其志。[11]方来应时，以合其谋。[12]详思来揵，往应时当也[13]。

满足君主的心志。一旦君主有所回应，就去附和他的计谋。经过深思熟虑而制定出周密计划，然后去应对君主，那么就没有不恰当的。

夫内有不合者，不可施行也。乃揣切时宜，从便所为，以求其变[14]。以变求内者，若管取揵[15]。言往者，先顺辞也；说来者，以变言也。善变者，审知地势，乃通于天；以化四时，使鬼神；合于阴阳，而牧[16]人民。见其谋事，知其志意。事有不合者，有所未知也[17]。合而不结者，阳亲而阴疏。事有不合者，圣人不为谋也[18]。

言辞、计谋不符合君主的意图，就不能施行。那么就要考虑符合时宜的，方便施行的言辞、计谋，以此做出言辞、计谋的改变。通过改变言辞、计谋来求得被君主采纳，就像是用钥匙去开锁一样。谈论过往，要首先顺应君主的言辞；谈论未来，就要注意说有变通余地的话。善于改变的人，需要了解各国地势，才能通彻于天；需要顺应四时的变化，才能役使鬼神；需要符合阴阳，才能治理百姓。看其谋划事情，才能了解他的志向意图。君臣关系不和，就有未知之处。君臣关系相合却不能结交，只是表面亲近而实际疏远。君臣关系不和，圣人也不能为之谋划。

注释

1 **就之不用，去之反求：**就，趋向；靠近。《易·乾》："水流湿，火就燥"，即用此意。陶弘景注云："非其意则就之而不用，顺其事则去之反求。"意思是说：有的人趋投而来却不被重用，有的人离开君主却被君主追求。

2 **日进前而不御，遥闻声而相思：**御，本义是"驾驭"，这里引申为进用；使用。《楚辞·涉江》中"腥臊并御"，王逸注："御，用也。"此句唐代学者马总《意林》卷二引作"或遥闻而相思，或前进而不御"。陶弘景注云："分违则日进前而不御，理契则遥闻声而相思。"得其意也。

3 **事皆有内揵，素结本始：**揵（jiàn），通"楗"，本义为竖插在门闩上使闩拨不开的木棍。这里引申为关闭，结合的意思。素结本始，源于平时的结交。素，平素，平时。《汉书·高帝纪》："高祖为亭长，素易诸吏。"颜师古注："素，故也，谓旧时也。"即此意。本始，原始，本初。《荀子·礼论》："性者，本始材朴也"，即此意。陶弘景注云："言或有远而相亲，去之反求，闻声而思者，皆有内合相持，素结其始。故曰皆有内揵，素结本始也。"意思是说：君臣结交只是有自己内在的关键，这是源于自己平时的结交。

4 **或结以道德，或结以党友，或结以财货，或结以采色：**采色，神采和容色，这里指阿谀逢迎的样子。这里"道德""党友""财货""采色"是臣下交好君主的四种方式和途径。陶弘景注云："结以道德，谓以道德结连于君。若帝之臣，名为臣，其实为师也。结以党友，谓以友道结连于君。王者之臣，名为臣，其实为友也。结以货财，结以采色，谓若桀纣之臣，费仲、恶来之类是也。"

5 **用其意：**把握这种意旨。这里是指臣下能把握，并灵活运用上述结交君主的四种方式途径。

6 **若蚨母之从子也，出无间，入无朕，独往独来，莫之能止：**蚨母即青蚨，古书中的一种飞虫，这种虫子母子不相离。这里比喻君臣之间牢固的关系。陶弘景注云："言蚨母养子，以盖覆穴，出入往来，初无间朕，故物不能止之。今内揵之臣，委曲从君以自结固，无有间隙，亦由是也。"意思是说：就像青蚨跟随其幼虫一样，出入没有痕迹，独来独往，没人能够阻止。

7 **内者，进说辞也：**陶弘景注云："说辞既进，内结于君，故曰：内者，进说辞也。"意思是说："内"就是通过进说言辞来交好于君。

8 **揵者，揵所谋也：**陶弘景注云："度情为谋，君必持而不舍，故曰：揵者，揵所谋也。"意思是说："揵"就是通过向君主进献计谋来与君主交好。

9 **欲说者，务隐度：**隐度，"隐"和"度"为同义连用，二者都是"审度"

的意思。《管子·禁藏》:“下观不及者,以自隐也。”尹知章注:“隐,度也。”陶弘景注云:“说而隐度,则其说必行。”意思是说,游说时,一定要先揣度君王之意。

10 **计事者,务循顺:** 循顺,“循”和“顺”为同义连用,二者都是“顺从”的意思。《左传》昭公七年:“循墙而走。”即此意。陶弘景注云:“计而循顺,则其计必用。”意思是说:向君主提供谋略时,一定要顺着君主的心意。

11 **阴虑可否,明言得失,以御其志:** 阴虑,私下里考虑。陶弘景注云:“谓隐虑可否,然后明言得失,以御君志也。”意思是说:首先要私下里考虑计谋是否可行,然后再公开讲出计谋的得失,以此来满足君主的意向。

12 **方来应时,以合其谋:** 方,计谋。 意思是说:进献计谋要切合时宜,以此来契合君主的谋略。

13 **详思来揵,往应时当也:** 陶弘景注云:“详思计虑,来进于君,可以自固,然后往应时宜,必当君心也。”意思是说:要先详细地思考自己所献的计谋,然后去迎合君主,就会很成功。

14 **乃揣切时宜,从便所为,以求其变:** 陶弘景注云:“前计既有不合,乃更揣量切摩当时所为之便,以求所以变计也。”意思是说:进献计谋时要揣摩时机,从有利于君主的方面,来变化计谋。

15 **以变求内者,若管取揵:** 管,籥,即钥匙。陶弘景注云:“以管取揵,揵必离;以变求内,内必合。”意思是说:通过改变计谋来结交君主,就像用钥匙开锁一样容易。

16 **牧:** 治理,管理。《国语·鲁语上》:“且夫君也者,将牧民而正其邪者也。”即此意。

17 **事有不合者,有所未知也:** 陶弘景注云:“谓知之即与合,未知即不与合也。”意思是说:君臣关系不和,就有未知之处。

18 **事有不合者,圣人不为谋也:** 陶弘景注云:“不合,谓圆凿而方枘。故圣人不为谋也。”意思是说:君臣关系不和,圣人也不为之谋划。

原文

故远而亲者，有阴德[1]也；近而疏者，志不合也。就而不用者，策不得也；去而反求者，事中来也[2]。日进前而不御者，施不合也。遥闻声而相思者，合于谋待决事[1]也。故曰：不见其类而为之者，见逆；不得其情而说之者，见非。[3]得其情，乃制其术。此用可出可入，可揵可开[4]。[2]故圣人立事，以此先知而揵万物。

由夫道德、仁义、礼乐、忠信、计谋，先取《诗》《书》，混说损益，议论去就[5]。欲合者用内，欲去者用外。外内者必明道数[6]。揣策来事，见疑决之。策而无失计，立功建德。

治名入产业，曰：揵而内合[7]。上暗不

译文

所以说远离君主却被亲近的人，是因为他们暗合君心；距离君主近却被疏远的人，是因为与君主志意不相合。趋投而来却不被重用的人，是因为计策不得当；离开君主却被追求的人，是因为他预测的事中途发生。每日在君主跟前却不被重用的人，是因为其行为不合于君心；遥远听闻其声却被君主思念的人，是因为符合谋略，君主有待于他来做决断。所以说：如果找不到双方的共同性就去施行，那么一定会被排斥；如果没有掌握对方的实际情况就去游说，那么一定会被否定。掌握实情才能制定相应的战术。用这种方法可出可入，可闭可开。所以圣人做事，就是通过这种方法来掌握万物。

所以道德、仁义、礼乐、忠信、计谋，都是先取用《诗》《书》，然后杂取诸说并在此基础上有所损益，又在此基础上讨论离开君主还是接近君主。想要结合，就要向君主进言，想要分离，就要离开君主。向君主进言或离开君主一定要明了道数。揣测计谋，遇到疑难进行决断。运用计策没有失误，就能建功立德。

整顿朝纲，治理民众，正所谓以计谋内合于君主。若国君昏昧，国家不能治理，臣民作乱，国君不能有所察觉，这就是计谋不治，下乱不寤，揵而反之[8]。内自得而外不留，说而飞[9]之。若命自来，己迎而御之[10]；若欲去之，因危与之。环转因化，莫知所为，退为大仪[11]。

能内合于君主造成的。如果君主对内自鸣得意，对外不能听信人言，那就假意赞扬称颂他。如果君主有命诏自己，那么就要积极接受诏命去行事；如果想要离开，就要趁危乱离开。圆转地顺应事情的变化，不让别人知道自己的所作所为，全身而退才是最好的法则。

注释

1 **阴德：** 陶弘景注云："阴德，谓阴私相得之德也。"即是指计谋暗中切合于君心。

2 **就而不用者，策不得也；去而反求者，事中来也：** 事中来，指其所预测的事在中途发生。陶弘景注云："谓所言当时未合，事过始验。故曰事中来也。"意思是说：离开君主却被追求的人，是因为他预测的事中途发生。

3 **不见其类而为之者，见逆；不得其情而说之者，见非：** 见逆，被排斥。见非，被否定。陶弘景注云："言不得其情类而为说者，若北辕适楚，陈轸游秦，所以见非逆也。"意思是说：如果找不到双方的共同性就去施行，那么一定会被排斥；如果没有掌握对方的实际情况就去游说，那么一定会被否定。

4 **此用可出可入，可揵可开：** 陶弘景注云："此用者，谓用其情也，则出入自由，揵开任意也。"意思是说：用这种方法可出可入，可闭可开。

5 **混说损益，议论去就：** 混，杂糅；指将各种说法杂糅在一起。陶弘景注云："混，同也。谓先考《诗》《书》之言，以同己说，然后损益时事，议论去就也。"意思是说：杂取诸说并在此基础上有所损益，又在此基础上讨论离开君主还是接近君主。

6 **欲合者用内，欲去者用外。外内者必明道数：** 陶弘景注云："内谓情内，外谓情外。得情自合，失情自去，此盖理之常也。言善知内外者，必明识道术之数。”意思是说：想要结合，就要向君主进言，想要分离，就要离开君主。向君主进言或离开君主一定要明了道数。

7 **治名入产业，曰：揵而内合：**陶弘景注云：“理君臣之名，使上下有序；入贡赋之业，使远近无差。上下有序则职分明，远近无差则徭役简，如此则为国之基日固。故曰：揵而内合也。”意思是说：整顿朝纲，治理民众，正所谓以计谋内合于君。

8 **上暗不治，下乱不寤，揵而反之：**陶弘景注云：“上暗不治其任，下乱不寤其萌。如此天下无邦，域中旷主。兼昧者，可行其事；侮亡者，由是而兴。故曰揵而反之。”意思是说：若国君昏昧，国家不能治理，臣民作乱，国君不能有所察觉，这就是计谋不能内合于君。

9 **飞：**与《飞钳》篇之“飞”意思相同。陶弘景注云：“外誉而得其情曰飞。”这里是指假意的称颂、赞扬。

10 **若命自来，己迎而御之：**陶弘景注云：“君心既善，已必自有命来，召己则迎而御之，以行其志也。”意思是说：如果君主有命诏自己，那么就要积极接受诏命去行事。

11 **环转因化，莫知所为，退为大仪：**陶弘景注云：“去就之际，反复量宜，如圆环之转，因彼变化。虽优者莫知其所为，如是而退，可谓全身大仪。仪者，法也。”意思是说：圆转地顺应事情的变化，不让别人知道自己的所作所为，全身而退才是最好的法则。

校勘

[1] 嘉庆刊本原无“待决事”三字，据《道藏》本而增补。

[2] 嘉庆刊本原作“可搁可开”，今据明嘉靖乙巳抄本改。

抵　巇

导读

本篇篇名较早见引于《文选》注。《文选》中有左思《蜀都赋》，其中“剧谈戏论，扼腕抵掌”语，刘逵注云：“鬼谷先生书有《抵巇》篇。”又《汉书》卷六十《杜周传》论赞曰：“因势而抵陒”，颜师古曰：“抵，击也。陒，毁也。言因事形势而击毁之也。陒音诡。一说陒读与戏同，戏亦险也，言击其危险之处。《鬼谷》有《抵戏》篇也。”颜师古之语未必合于本篇之旨。

巇，是缝隙的意思。所谓“抵巇”就是弥补缝隙的意思。也就是要利用弥补事情的缝隙的方法，来使事物免于溃败。本篇认为万事万物都会出现缝隙，因此“抵巇”之理是普遍存在的。本篇着重阐述了“抵巇”的原理与方法，从结构上来看，全篇可以分为两个部分：

第一部分阐述“抵巇”的原理。文章认为万事万物都会出现缝隙，当出现缝隙的时候是有迹象可寻的，即“巇始有朕”。此时就需要运用“抵巇”的原理，即“可抵而塞，可抵而却，可抵而息，可抵而匿，可抵而得”。

第二部分探讨了运用“抵巇”原理的方法。文中提出两种方法：“抵而塞之”与“抵而得之”。所谓“抵而塞之”，意思是说当事物缝隙不大时，可以通过弥补缝隙来挽救。即文中所谓“世可以治则抵而塞之”。所谓“抵而得之”，意思是说当事物缝隙大到无法弥补，就要彻底破坏它，重新塑造。即文中言“不可治则抵而得之”。文中还指出，能够掌握这两种方法，就能无往而不利，即“世无可抵，则深隐而待时；时有可抵，则为之谋。此道可以上合，可以检下。能因能循，为天地守神”。

本篇所指出的“抵而塞之”和“抵而得之”两种方法，若用今日的政治术语来说，即为“改革”与“革命”，仍不失现实意义。

原文

物有自然，事有合离[1]。有近而不可见，有远而可知。近而不可见者，不察其辞也；远而可知者，反往以验来也。巇[2]者，罅[3]也。罅者，峒[4]也。峒者，成大隙也。巇始有朕[5]，可抵而塞，可抵而却，可抵而息，可抵而匿，可抵而得。[6]此谓抵巇之理也。

事之危也，圣人知之，独保其身[7]。因化说事，通达计谋，以识细微。[8]经起秋毫之末，挥之于太山之本。[9]其施外，兆萌芽蘖之谋，皆由抵巇[10]。抵巇之隙，为道术用[11]。

译文

人事有合有离，如同万物自然而生一样。有时在近处却不能看清楚，有时在远处却能被了解。在近处不被看见，是因为没有考察对方的言辞；在远处而被了解是由于能够返回历史寻找教训，并能够验证于未来。“巇”就是“罅”，而“罅”能够变成山涧那样大的缝隙。缝隙刚开始的时候是有征兆的，可以堵塞而弥补裂缝，可以退却而弥补缝隙，可以停息来弥补缝隙，可以藏匿来弥补缝隙，也可以通过弃旧得新来弥补缝隙。这就是“抵巇”的原理。

事情发生危机之初，圣人就能够察觉，并且能保全自身。圣人根据事物的变化来分析事理，熟练运用计谋来辨识细微之处的缝隙并采取措施进行预防。缝隙开始时都像秋天鸟兽身上的细毛一样细微，当其发生作用时就像泰山的根基一样雄厚从而产生破坏性的影响。圣人行事，即使是根据事物征兆而制定的小计策也都是依据“抵巇”的原理。弥补尚处于萌芽阶段的缝隙，就是道术的用途。

注释

1 **物有自然，事有合离：** 陶弘景注云："此言合离者，乃自然之理。"意思是说：人事有合有离，如同物自然而生一样。

2 **巇（xī）：** 缝隙，衅隙。此处是指事物的缝隙，可乘之机。陶弘景注云："巇，衅隙也。墙崩因隙，器坏因衅。方其衅隙而击实之，则墙器不败。若不可救，因而除之，更有所营置，人事亦犹是也。"正是本篇"巇"之意。《法言·重黎》中"贤者司礼，小人司巇"意思与本篇同。

3 **罅（xià）：** 缝隙；裂缝。此处也比喻事物的漏洞。

4 **峒（jiàn）：** 同"涧"。山间的水沟。这里比喻事情大的漏洞。

5 **朕：** 征兆，迹象。此处比喻事物漏洞、缝隙发生的前兆。陶弘景注云："朕者，隙之将兆，谓其微也。"正是此意。

6 **可抵而塞，可抵而却，可抵而息，可抵而匿，可抵而得：** 塞，堵塞。却，离开。息，停息，停止。匿，消失，藏匿。得，收获。陶弘景注云："自中成者，可抵而塞；自外来者，可抵而却；自下生者，可抵而息；其萌微者，可抵而匿；都不可治者，可抵而得。"此五句是说遇到事物漏洞时，应该采取怎样的方法和态度，也就是后文所说的"抵巇之理"。

7 **事之危也，圣人知之，独保其身：** 陶弘景注云："形而上者，谓之圣人。故危兆才形，朗然先觉，既明且哲，故独保其身也。"意思是说：事情发生危机之初，圣人就能够察觉，并且能保全自身。

8 **因化说事，通达计谋，以识细微：** "因化说事"是指顺着事物的变化来分析事物。此三句陶弘景注云："因化说事，随机逞术，通达计谋以经纬，识细微而预防之也。"意思是说：圣人能够顺着事物的变化来分析事物，采取某种计谋来识别事物微小的"罅漏"并且采取措施来预防。

9 **经起秋毫之末，挥之于太山之本：** 经，始。秋毫，秋天鸟兽身上新长出来的细毛，比喻微小的事物。挥，发也。这两句意思是说事物的漏洞开始出现时都很细微，当它发挥作用时就像泰山的根基一样厚重，就会产生破坏性的影响。

10 **其施外，兆萌芽蘖之谋，皆由抵巇：** 蘖（niè），树枝砍去后从残存茎根上长出的小芽，这里指事物的初始萌芽阶段。陶弘景注云："宫乱政施外兆萌牙蘖之时，智谋因此而起。盖由善抵巇之理，故能不失其机。"意思是说：圣人行事，即使是根据事物征兆而制定的小计策也都是依据"抵巇"的原理。

11 **抵巇之隙，为道术用：** 陶弘景注云："然则巇隙既发，乃可行道术。"意思是说：弥补尚处于萌芽阶段的缝隙，就是道术的用途。

原文

天下纷错[1]，士无明主，公侯无道德，则小人谗贼，贤人不用，圣人窜匿，贪利诈伪者作[2]；君臣相惑，土崩瓦解而相伐射；父子离散，乖[3]乱反目，是谓"萌芽巇罅"[4]。圣人见萌芽巇罅，则抵之以法。世可以治则抵而塞之，不可治则抵而得之。或抵如此，或抵如彼。或抵反之，或抵覆之。五帝之政，抵而塞之，三王之事，抵而得之。[5]诸侯相抵，不可胜数。当此之时，能抵为右[6]。

自天地之合离、终始，必有巇隙，不可不察

译文

天下纷乱，士人没有明君，公侯没有道德，小人谗言胡为，贤良之人不被重用，圣人逃走隐藏起来，贪图利禄、奸猾虚伪的人纷纷出现；君臣之间互不信任，礼仪崩坏，相互攻伐；父子离散，反目成仇，这就是国家乱政出现的萌芽。圣人见到国家乱政的萌芽，就设法进行弥补。世道可以治理，就用堵塞之法来弥补，世道无法治理，就彻底破坏它，重新塑造。圣人有时弥补此处，有时弥补彼处。有时通过弥补来使其恢复，有时则是重新塑造。五帝为政，治理国家，采取的是因革损益的改良政策；而在夏商周三代为政则采取的是革命的政策，取旧有政权而代之。诸侯之间妄图重新塑造秩序的人，不计其数。这个时候，只有用抵巇之法治理国家，才是上策。

自从天地相分开始，万事万物都有缝隙，不能不有所详察。用"捭阖"之法

也[7]。察之以捭阖，能用此道，圣人也[8]。圣人者，天地之使也。世无可抵，则深隐而待时；时有可抵，则为之谋。此道可以上合，可以检下[9]。能因能循，为天地守神[10]。

来进行观察，能运用这个方法的人一定是圣人。圣人是奉天时而行事的人。世道没有可以弥补的，他们就隐藏起来等待时机；一旦有可以弥补之处，他们就会为之谋划。"抵巇"的原理，上可以帮助君主治理国家，下可以在国家无救情况下取而代之。能够因循此道的人，就能够身居高位，替天地守神祀。

注释

1 **错：**间杂，纷乱。《诗经·周南·汉广》："翘翘错薪，言刈其楚。"毛《传》："错，杂也。"即此意。

2 **作：**产生，兴起。《孟子·公孙丑上》"由汤至于武丁，圣贤之君六七作"中"作"，即此意。

3 **乖：**差错。《广雅·释诂四》："乖，差也。"

4 **萌芽巇罅：**指前文所述"天下纷错"等情况是国家产生"漏洞"的征兆。陶弘景注云："此谓乱政萌芽，为国之巇罅"，正是此意。

5 **五帝之政，抵而塞之，三王之事，抵而得之：**五帝，一般是指黄帝、颛顼、帝喾、尧、舜。三王，指夏、商、西周三代的开国之君，即大禹、商汤、周文王和周武王。抵而塞之，指的是国家仅仅出现小的瑕疵，需要弥补就可以，即所谓"因革损益"的改良。抵而得之，指的是国家已经无可救治，必须彻底破坏，需要取而代之，即所谓"革命"。这句话的意思是说：五帝为政，治理国家，采取的是因革损益的改良政策；而在夏商周三代为政则采取的是革命的政策，取旧有政权而代之。

6 **能抵为右：**这里是说在当代(鬼谷子生活的时代)，能用抵巇之法来治理国家才是上策。

7 **自天地之合离、终始，必有巇隙，不可不察也：**陶弘景注云："合离谓否泰，言天地之道正观，尚有否泰为之巇隙，而况于人乎！故曰不可不察也。”意思是说：自从天地相分开始，万事万物都有缝隙，不能不有所详察。

8 **察之以捭阖，能用此道，圣人也：**此道即是指抵巇之道。意思是说：圣人能用“捭阖”之法来洞察事物的漏洞，并且用抵巇之道来弥补处理。

9 **此道可以上合，可以检下：**上合，指上文所说的“抵而塞之”。检下，指上文所说的“抵而得之”。陶弘景注云：“上合谓抵而塞之，助时为治；检下谓抵而得之，使来归己也。”意思是说：用抵巇之道，既可以弥补事物的漏洞，帮助治理国家；也可以在国家无救的情况下，取而代之。

10 **能因能循，为天地守神：**陶弘景注云：“言能因循此道，则大宝之位可居，故能为天地守其神化也。”意思是说：能够因循此道的人，就能够身居高位，替天地守神祀。

鬼谷子

卷中

飞　钳

导读

飞，是称颂、夸赞的意思；钳，本义是钳子，引申为控制。唐代学者贾公彦曾指出："飞钳"即先"飞"而后"钳"。意思就是说先称颂赞扬对方，借此引诱对方说出实情，进而控制他人的一种游说手段。

本篇旨在阐述"飞钳"的原理、方法以及在运用过程中应该注意的问题，从结构上来看，由三部分组成。

第一部分阐述"飞钳"的原理："引钩钳之辞，飞而钳之"，意思就是说所谓"飞钳"，其原理是通过言辞诱惑并控制对方，用假意称赞来控制对方。

第二部分阐述运用"飞钳"之术的方法。文中提出两种情况：第一，对于那些不能通过诱惑来控制的人，要"重累""毁"，即文中所谓"或先征之而后重累；或先重以累而后毁之。或以重累为毁，或以毁为重累"；第二，对于那些可以通过诱惑来控制的人，要用"抵巇"的原理来行事，即"其用或称财货、琦玮、珠玉、璧帛、采色以事之，或量能立势以钩之，或伺候见峢而钳之"。

第三部分阐述了在具体运用的过程中，要根据不同的对象采取"飞钳"之术及其应该注意的问题。文中叙述了两种情况下运用"飞钳"之术，即运用于天下和运用于个人，并详细分析了这两种情况下应该注意的事项。

第一，将"飞钳"之术运用于天下，就要注意掌握天时、地利、某个国家的人民与物产情况、某个国家的外交情况以及某国君主的个人好恶的情况。并在此基础上选择重要的问题，根据君主的好恶来进行游说。即文中所谓“乃就说其所重，以飞钳之辞，钩其所好，以钳求之”。

第二，要将“飞钳”之术运用到个人，就要掌握游说对象的智力、才能、权力、气势的情况，并采用迎合的方式进行游说从而达到游说的目的。即“可引而东，可引而西；可引而南，可引而北；可引而反，可引而覆。虽覆能复，不失其度”。

本篇所阐述的“飞钳”之术即通过言辞技巧，掌握对方好恶，并进而控制对方的手段，在《鬼谷子》的体系中占有很重要的地位，对于认识古代说客的游说技巧有很大裨益，至今仍有现实意义。

原文

凡度权量能，所以征远来近[1]。立势而制事，必先察同异，别是非之语[2]，见内外之辞，知有无之数[3]，决安危之计，定亲疏之事[4]。然后乃权量之，其有隐括，乃可征，乃可求，乃可用[5]。

引钩钳之辞，飞而钳之[6]。钩钳之语，其说辞也，乍同乍异[7]。其不可善者，或先征之而后重累[8]；或先重以累而后毁之[9]。或以重累为毁，或以毁为重

译文

凡是揣度他人的权谋，估量他人的才能，就是为了召集远处之人来到近处，为自己所用。要树立权势，制定事物的规范制度，一定要先考察他们的异同，辨别他们言语的是非，观察他们进谏君主或离开君主的言辞，了解他们有无技艺，让他们决断关系安危的计谋，并使他们确定亲疏远近的关系。然后才能衡量他们，如果他们可以矫正弊端，就能够征召，能够追求，能够任用。

用言辞诱惑并控制对方，用假意称赞来控制对方。诱惑并控制对方的言辞，是一种游说之辞，要忽同忽异。对于那些无法通过诱惑控制的人，或者可以先征召他，而后反复劳累他；或者先反复劳累而后诋毁他。或者以反复劳累来进行诋毁，或者以反复诋毁来使他劳累。如果可以通过诱惑进行控制，

累[10]。其用或称财货、琦玮、珠玉、璧帛、采色以事之[11]，或量能立势以钩[1]之[12]，或伺候见巇而钳之[13]，其事用抵巇[14]。

或者用钱财货物、美玉、珠宝、玉帛、美女来侍奉他；在正确衡量其才能的基础上，确立控制对方的形势，来钳制对方；或者等待时机，出现缝隙时再进行控制，这就要将“抵巇”之术与“飞钳”之术结合起来使用。

注释

1 **凡度权量能，所以征远来近：**陶弘景注云：“凡度其权略，量其材能，为作声誉者，所以征远而来近也。谓贤者所在，或远或近，以此征来，若燕昭尊郭隗，即其事也。”意思是说：凡是揣度他人的权谋，估量他人的才能，就是为了召集远处之人来到近处，为自己所用。

2 **立势而制事，必先察同异，别是非之语：**立势，树立权势。制事，制定事物的规范制度。陶弘景注云：“言远近既至，乃立赏罚之势，制能否之事。事势既立，必先察党与之同异，别言语之是非。”意思是说：要树立权势，制定事物的规范制度，一定要先观察与对方的异同，辨别其语言中的是非。

3 **见内外之辞，知有无之数：**数，技术；技艺。《庄子·天道》：“得之于手而应之于心，口不能言，有数存焉于其间。”成玄英疏云：“数，术也。”内，此处指进谏君主；外，指离开君主。陶弘景注云：“外谓虚无，内谓情实，有无谓道术能否。又必见其情伪之辞，知其能否之数也。”意思是说：观察他们进谏君主或离开君主的言辞，了解他们有无技艺。

4 **决安危之计，定亲疏之事：**陶弘景注云：“既察同异、别是非、见内外、知有无，然后与之决安危之计，定亲疏之事，则贤不肖可知也。”意思是说：让他们决断关系安危的计谋，并使他们确定亲疏远近的关系。

5 **然后乃权量之，其有隐括，乃可征，乃可求，乃可用：**隐括，也作“隐栝”。指矫正竹木弯曲的工具，这里是修改之意。《韩非子·难势》云：

“夫弃隐括之法，去度量之数，使奚仲为车，不能成一轮。”即此意。陶弘景注云：“权之所以知其轻重，量之所以知其长短。轻重既分，长短又形，乃施隐括以辅其曲直。如此，则征之又可，求之亦可，用之亦可。”意思是说：然后才能衡量他们，如果他们可以矫正弊端，就能够征召，能够追求，能够任用。

6 **引钩钳之辞，飞而钳之：**钩，引诱。钳（qián），本义为钳子，引申为“控制”。陶弘景注云：“钩谓诱致其情，言人之材性，各有差品，故钩钳之辞亦有等级。故内感而得其情曰钩，外誉而得其情曰飞，得情则钳持之，令不得脱移，故曰钩钳。故曰飞钳。”意思是说：用引诱之言辞诱惑对方，并用假意称赞来控制对方。

7 **钩钳之语，其说辞也，乍同乍异：**乍，突然，变化非常快。陶弘景注云：“谓说钩钳之辞，或捭而同之，或阖而异之。故曰：‘乍同乍异’也。”意思是说：用来引诱他人的言辞，要根据情势随机应变。

8 **其不可善者，或先征之而后重累：**陶弘景注云：“不可善，谓钩钳之辞所不能动。如此者，必先命征召之；重累者，谓其人既至，然后状其材术所有，知其所能，人或因此从化也。”意思是说：对于那些无法通过诱惑控制的人，或者可以先征召他，而后反复劳累他。

9 **或先重以累而后毁之：**重以累，秦恩复认为“以”字是衍文。从上下文来看，秦恩复的说法可以信从。陶弘景注云：“或有虽都状其所有，犹未从化，然后就其材术短者訾毁之。人知过而从之，无不知化也。”意思是说：或者先反复劳累而后诋毁他。

10 **或以重累为毁，或以毁为重累：**重累，就是“累”之重，反复叠加。陶弘景注云：“或有状其所有，其短自形，此以重累为毁也；或有历说其短，材术便著，此以毁为重累也。为其人难动，故或重累之，或訾毁之，所以驱诱之，令从化也。”意思是说：或者以反复劳累来进行诋毁，或者以反复诋毁来使他劳累。

11 **其用或称财货、琦玮、珠玉、璧帛、采色以事之：**琦玮，美玉。采色，此处指美女。陶弘景注云：“其用谓人能从化，将欲用之，必先知其性行好恶，动以财货采色者，欲知其人贪廉也。”意思是说：要在“飞而钳之”的基础上，进一步使用财货、琦玮、珠玉、璧帛、美女等做诱饵来牵制他。

12 **或量能立势以钩之：**陶弘景注云：“量其能之优劣，然后立去就之势，以钩其情，以知其智谋也。”意思是说：在正确衡量其才能的基础上，确立控制对方的形势，来钳制对方。

13 **或伺候见巇而钳之：**陶弘景注云：“谓伺彼行事，见其巇隙而钳持之，以知其勇怯也。”意思是说：看见对方有漏洞、破绽，就要抓住时机去钳制对方。

14 **其事用抵巇：**陶弘景注云：“谓此上事用抵巇之术而为之。”意思是指要将“抵巇”之术与“飞钳”之术结合起来使用。

原文

将欲用之于天下，必度权量能，见天时之盛衰，制地形之广狭，岨[1]崄之难易，人民货财之多少，诸侯之交孰亲孰疏、孰爱孰憎。心意之虑怀，审其意，知其所好恶，乃就说其所重，以飞钳之辞，钩其所好，以钳求之[2]。

用之于人[3]，则量智能、权材力、料气势[4]，为之枢机，以迎之随之，以钳和之，以意宜[2]之，此飞钳之

译文

如果要把“飞钳”之术运用于天下，一定要揣度权势、衡量才能，发现天时的盛衰，掌握地形的宽窄，山川的险易，人民财货的多少，诸侯之间的外交，即与哪个亲近，与哪个疏远，与哪个友好，与哪个敌对。要考虑君主的心思，详审他的意图，了解他的好恶，然后针对其重视的问题进行游说，用言辞假意称颂，用其爱好引诱他，再控制他。

如果要将“飞钳”之术运用于个人，就要揣度他的智慧才能，衡量他的实力，估测他的气势。抓住关键之处来迎合他，顺从他，用控制来与他交好，用诚意来使关系融洽，这是“飞钳”之术的延续。如果将“飞钳”之术运用于人际交往，将“飞钳”之

缀[5]也。用之于人，则空往而实来[6]，缀而不失，以究其辞。可钳而从[7]，可钳而横；可引而东，可引而西；可引而南，可引而北；可引而反，可引而覆。虽覆能复，不失其度[8]。

术用之于人，就能没有付出只是赞誉对方，却能得到丰厚的回报别人的归附，使对方与自己紧密联结而不会失去控制，并以此来伺察对方言辞的意图。这样就可以控制进行合纵，可以控制进行连横；可以引导向东，可以引导向西；可以引导向南，可以引导向北；可以引导使其返回，可以引导使其覆灭。即使覆灭也能恢复，是由于没有失去度。

注释

1 **岨：** 通“阻”，险要。

2 **乃就说其所重，以飞钳之辞，钩其所好，以钳求之：** 陶弘景注云：“然后就其所最重者而说之；又以飞钳之辞，钩其所好，既知其所好，乃钳而求之，所好不逮，则何说而不行哉！”意思是说：在使用“飞钳”之术的时候，应该要选择对方最关心最看重的话题来切入，才能勾住对方，实现自己的目的。

3 **用之于人：** 陶弘景注云：“用之于人，谓用飞钳之术于诸侯之国也。”意思是说：如果要将“飞钳”之术运用于个人。

4 **则量智能、权材力、料气势：** 陶弘景注云：“量智能、料气势者，亦欲知其智谋能否也。”意思是说：就要揣度他的智慧才能，衡量他的实力，估测他的气势。

5 **缀（zhuì）：** 联结，连缀。

6 **则空往而实来：** 陶弘景注云：“我但以声誉飞扬之，故曰‘空往’；彼则开心露情归附于己，故曰‘实来’。”意思是说：将“飞钳”之术用之于人，就能没有付出只是赞誉对方，却能得到丰厚的回报别人的归附。

7 **从：** 通“纵”，合纵。

8 **虽覆能复，不失其度：**陶弘景注云："虽有覆败，必能复振，不失其节度，此钳之终也。"意思是说：运用"飞钳"之术，即使覆亡了也能复兴，因为没有失去度。

校勘

[1] 钩，嘉庆刊本原作"钧"，《道藏》本及明嘉靖乙巳抄本作"钩"。陶注曰："量其能之优势，然后立去就之势，以钩其情，以知其智谋也。"从陶注观之，当作"钩"字。今据改。

[2] 宜，嘉庆刊本作"宣"，今据《道藏》本改。

忤 合

导读

《太平御览》卷四百六十二引本篇名作“午合”。忤，是抵触的意思；合，就是相合。所谓“忤合”，就是文中所说的“趋合”与“倍反”。本篇旨在阐述“忤合”之术的原理，运用“忤合”之术的方法以及运用“忤合”之术应该注意的事项。从结构上来看，全篇共分为三部分：

第一部分，阐述了“忤合”之术的原理。文中指出：世间万物的发展都有“趋合”“倍反”的趋势，因此做事情、制定计谋都要掌握这个趋势。即文中所谓“凡趋合倍反，计有适合。化转环属，各有形势。反覆相求，因事为制”。此外，文中还指出事物的“忤”与“合”是势不两立的，只能择一而行。即“反于此，忤于彼；忤于此，反于彼”。

第二部分，阐述了运用“忤合”之术的方法。文中指出：无论将“忤合”之术运用于天下、国家、家族、个人，它们的方法都是一致的。这个方法就是：先结合实际情况制定谋略，再用“飞钳”之术来施行“忤合”之术。即“必量天下而与之”“必量国而与之”“必量家而与之”“必量身材能气势而与之”“必先谋虑计定，而后行之以飞钳之术”。

第三部分，阐述了运用“忤合”之术要注意的事项。运用“忤合”之术应该注意的是：要先衡量自己的才能，并与他人进行比较；只有如此才能进退自由，无往不利。即文中所谓“故忤合之道，己必自度材能知睿，量长短远近孰不如。乃可以进，乃可以退，乃可以纵，乃可以横”。

《忤合》篇所阐述的忤合，就是纵横家们要根据能否实现自身价值为中心来选择效忠于哪个君主，这是战国特殊历史背景下的产物。

原文

凡趋合倍反，计有适合[1]。化转环属，各有形势。反覆相求，因事为制[2]。是以圣人居天地之间，立身、御世[3]、施教、扬声、明名也，必因事物之会，观天时之宜，因知所多所少，以此先知之，与之转化[4]。

世无常贵，事无常师[5]。圣人无常与，无不与；无所听，无不听[6]。成于事而合于计谋，与之为主[7]。合于彼而离于此，计谋不两忠，必有反忤[8]。反于此，忤于彼；忤于此，反于彼[9]。其术也。

用之于天下，必量天下而与之；用之于国，必量国而与之；用之于家，必量家而

译文

凡事都有趋合相向和背离相反的两种趋势，施行计谋要与这两种趋势相符合。事物的变化和转换，就像圆环一样，会有各自不同的态势。要反复研究考虑，根据事情的实际情况来制定谋略。所以圣人生活在天地之间，立身处世，治理天下，施行教化，弘扬声势，彰显名声，一定根据事物的实际情况，观察天时是否适宜，圣人利用趋合倍反之理忤合之理率先知道事物发展的趋势，来决定自己所做是多还是少，并能根据事物之形势的转变来随时变化自己的决策。

世间没有永恒的显贵，事情也没有恒久的可供效法的榜样。圣人没有恒久不变的赞同，也不是没有赞同；没有什么都听从，也不是什么都不听从。想要使事情成功，使计谋符合实际，就要以“忤合”之术为主。在彼处相合，却在此处相离，计谋不能使两处都满意，一定会有违背。符合此处，就要违背彼处；违背此处，就会符合彼处。这就是“忤合”之术。

要将“忤合”之术运用于天下，就要衡量天下的形势，然后再运用；要将“忤合”之术运用于某个国家，就要衡量某国的形势，然后再运用；要将“忤合”之术运用于家族，

与之；用之于身，必量身材能气势而与之[10]。大小进退，其用一也[11]。必先谋虑计定，而后行之以飞钳之术[12]。

就要衡量这个家族的形势，然后再运用；要将"忤合"之术运用于个人，就要衡量这个人的才能、气势，然后再运用。无论大的范围还是小的范围，无论是前进还是后退，所运用的方法是一致的。一定是先以"忤合"之术制定谋略，再以"飞钳"之术来施行这个谋略。

注释

1 **凡趋合倍反，计有适合：**"趋合"即"合"，指向顺而言。倍，背离。"倍反"，即"忤"，指违逆而言。陶弘景注云："言趣合倍反，虽参差不齐，然施之计谋，理乃适合也。"意思是说：只有掌握"趋合"和"倍反"的客观规律，制定出来的计谋才是合适的。

2 **化转环属，各有形势。反覆相求，因事为制：**"化转环属"，是说事物的转化像圆环一样首尾相互连接而无穷尽。陶弘景注云："言倍反之理，随化而转，如连环之属。然其去就，各有形势。或反或覆，理自相求，莫不因彼事情为之立制也。"意思是说：事物的"趋合"(合)和"倍反"(忤)是随时转化的，应该反复探讨其理，然后再制定策略。

3 **御世：**治理天下。

4 **因知所多所少，以此先知之，与之转化：**陶弘景注云："所多所少，谓政教所宜多所宜少也。既知多少所宜，然后为之增减。故曰：'以此先知，谓用倍反之理知之也。转化，谓转变以从化也。'"意思是说：圣人利用"忤合"之理率先知道事物发展的趋势，来决定自己所做是多还是少，并能根据事物之形势的转变来随时变化自己的决策。

5 **世无常贵，事无常师：**常，长久，经久不变。师，榜样。陶弘景注云："能仁为贵，故无常贵；主善为师，故无常师。"意思是说：任何事物都处于变化之中，世间没有永恒的显贵，事情也没有恒久的可供效法的榜样。

6 **圣人无常与，无不与；无所听，无不听：**陶弘景注云："善必与之，故无不与。无稽之言勿听，故无所听。”意思是说：圣人没有恒久不变的赞同和不赞同；也没有长久不变的听从与不听从。

7 **成于事而合于计谋，与之为主：**与，介词，相当于“以”。陶弘景注云：“于事必成，于谋必合。如此者，与众立之，推以为主也。”意思是说：圣人想要成事，想要使自己的计谋合于形势，就要以“忤合”之理为根本。

8 **合于彼而离于此，计谋不两忠，必有反忤：**反忤，文中“忤合”与“反忤”交互为文，是知“反忤”即“忤合”。“反”，通“返”，反忤的意思是说，想要返合于此，必违离于彼。此句陶弘景注云：“合于彼必离于此，是其忠谋不得两施也。”意思是说：要选择新主，一定要背离旧主，下文讲到“伊尹五就汤，五就桀”就是这个例子。

9 **反于此，忤于彼；忤于此，反于彼：**此句陶弘景注云：“既忠不两施，故宜行反忤之术。反忤者，意欲反合于此，必行忤于彼；忤者，设疑似之事，令昧者不知觉其事也。”正得此意。

10 **用之于天下，必量天下而与之；用之于国，必量国而与之；用之于家，必量家而与之；用之于身，必量身材能气势而与之：**与，用，运用。《诗经·唐风·采苓》：“人之为言，苟亦无与。”毛《传》云：“无与，无用也。”陶弘景注云：“用之者，谓用反忤之术；量者，谓量其事业有无；与，谓之与亲。凡行忤者必称其事业所有而亲媚之，则暗主无从而觉，故得行其术也。”此句强调用“忤合”之术，要根据对象的不同情况来施行。意思是说：要将“忤合”之术运用于天下，就要衡量天下的形势，然后再运用；要将“忤合”之术运用于某个国家，就要衡量某国的形势，然后再运用；要将“忤合”之术运用于家族，就要衡量这个家族的形势，然后再运用；要将“忤合”之术运用于个人，就要衡量这个人的才能、气势，然后再运用。

11 **大小进退，其用一也：**陶弘景注云：“所行之术，虽有大小进退之异，然而至于称事扬亲则一。故曰：‘其用一也。’”意思是说：无论对象是大是小，是进是退，在了解不同对象情况的基础上再使用“忤合”之理的原则是一样的。

12 **必先谋虑计定，而后行之以飞钳之术：**陶弘景注云："将行反忤之术，必须先定计谋，然后行之。又用飞钳之术以弥缝之也。"意思是说：先以"忤合"之术制定谋略，再以"飞钳"之术来施行这个谋略。

原文

古之善背向者，乃协四海，包诸侯，忤合之地而化转之，然后求合[1]。故伊尹五就汤，五就桀，而不能有所明，然后合于汤[2]；吕尚三就文王，三入殷，而不能有所明，然后合于文王[3]。此知天命之钳，故归之不疑也。

非至圣达奥，不能御世[4]；非劳心苦思，不能原[5]事；不悉心见情，不能成名；材质不惠[6]，不能用兵；忠实无真，不能知人。故忤合之道，已必自度材能知睿，量长短远近孰不如[7]。乃可以进，乃可以退，乃可以纵，乃可以横[8]。

译文

古代善于掌握人心向背的人，如果要协和天下，兼并诸侯，就要先设法转化忤合之处，然后再求得目标的实现。所以伊尹五次投奔商汤，五次投奔夏桀，却没有得到赏识，最终投奔商汤；姜太公三次投奔周文王，三次进入商朝，却没有得到赏识，最终投奔周文王。这是因为他们知道天命所属，所以毫不犹豫地投奔明君。

如果不是极度睿智足以通晓幽深事理，就不能治理天下；不能苦心思考，就不能探究事物的本原；不能全心去发现实情，就不能成就名声；天资不够聪慧，就不能行军打仗；忠诚实在却不够精明，就不能知人善任。所以使用"忤合"之术，自己一定要衡量自己的才能，并与身边的以及远处的人比较。这样就可以前进，可以后退，可以合纵，可以连横。

注释

1 **古之善背向者，乃协四海，包诸侯，忤合之地而化转之，然后求合：**乃，连词，表示假设关系，相当于"如果"。陶弘景注云："言古之深识背向之理者，乃合同四海，兼并诸侯，驱置忤合之地，然后设法变化而转移之。众心既从，乃求其真王而与之合也。”意思是说：古代善于掌握人心向背的人，如果要协和天下，兼并诸侯，就要先设法转化忤合之处，然后再求得目标的实现。

2 **故伊尹五就汤，五就桀，而不能有所明，然后合于汤：**伊尹，辅佐商汤灭夏的功臣，在战国诸子的叙述中，伊尹有“庖厨”“媵臣”等多种身份。汤，商代的建立者，在甲骨文中有“唐”“成”“大乙”“高祖乙”等多种称谓。桀，夏代的最后一位国君，中国历史上暴君的典型。

3 **吕尚三就文王，三入殷，而不能有所明，然后合于文王：**吕尚，即姜尚，又称姜太公，号为太公望。相传其钓于渭水之滨，文王出猎遇到他，与之谈论后大喜，然后立之为“师”，后来辅佐周武王灭商。文王，即周文王，姬姓，名昌，又称西伯，奠定了周灭商的基础，是中国历史上圣君的典型。

4 **非至圣达奥，不能御世：**圣，睿智。达，通达，通晓。奥，幽深。至圣达奥，是说极度睿智，可以通晓幽深之事理。意思是说：如果不是极端聪明睿智，通晓幽深之事理，就不能治理天下。

5 **原：**推求本原，推究。

6 **惠：**通“慧”，聪明。《后汉书·仲长统传》：“纯朴已去，智惠已来”，即此意。

7 **故忤合之道，己必自度材能知睿，量长短远近孰不如：**陶弘景注云：“夫忤合之道，不能行于胜己而必用之于不我若，故知谁不如，然后行之也。”这句话是针对应用“忤合”之术的人的自身素质的要求而言。如果想要成功地运用“忤合”之术，就一定要衡量自身的才能和智慧，掌握各方面的实情。

8 **乃可以进，乃可以退，乃可以纵，乃可以横：**陶弘景注云：“既行忤合之道于不如己者，则进退纵横，唯吾所欲耳。”此句话强调在对自身有充分了解的基础上去行“忤合”之术，就能纵横天下。

揣

导读

《太平御览》卷四百六十二引此篇名称为“揣情”。

揣，是揣度，揣测之意。“揣”，在本篇中主要表现为“量权”和“揣情”。“量权”就是要了解客观外在的信息，“揣情”就是对主观内在信息的把握。本篇主要阐述“量权”和“揣情”的含义以及将两者运用于实践的策略。从结构上来看，全篇分为两个部分。

第一部分，主要阐述了“量权”和“揣情”的含义。

关于“量权”的含义，文中指出：所谓“量权”就是考量诸侯国的财货、人口、地理、人心向背、君臣关系等等。

关于“揣情”的含义，文中指出：“揣情”就是测探对方内心的隐秘实情。文中还进一步指出，要利用对方内在情感的变化，来窥探对方内心的实情。

第二部分，主要阐述了“量权”和“揣情”运用于实践的情况。文中指出：要谋划国家大事，就要“量权”；要游说君主，就要“揣情”。两者是谋略的根本，是游说的法则。

文中还阐述了“揣情”时要尽可能满足对方的欲望，或者要让对方感到恐惧，当对方不为所动时，就要暂时停止沟通，转而问其所亲所安，以达到探知对方实情的目的。即文中所谓“感动而不知其变者，乃且错其人，勿与语而更问其所亲，知其所安”。

文中还进一步指出，事情的发展变化是很难被提前预知的，因此“揣情”是最难的，即文中所谓“常有事于人，人莫能先，先事而生，此最难为”。要时常考虑自己的言辞，才能实现自己的目的，即“此揣情饰言成文章，而后论之也”。

《揣》篇是《鬼谷子》当中的重要一篇，从全书结构来看，此篇当是下《摩》《权》《谋》《决》诸篇的基础。

原文

古之善用天下者，必量天下之权而揣诸侯之情。量权不审，不知强弱轻重之称；揣情不审，不知隐匿变化之动静[1]。

何谓量权？曰：度于大小，谋于众寡，称财货有无之数，料人民多少[2]，饶乏有余不足几何[3]；辨地形之险易，孰利孰害；谋虑孰长孰短；揆[4]君臣之亲疏，孰贤孰不肖；与宾客之知慧，孰少孰多；观天时之祸福，孰吉孰凶；诸侯之交，孰用孰不用；百姓之心，去就变化，孰安孰危，孰好孰憎；反侧孰辩[5]。能知此者，是谓量权[6]。

译文

古代善于治理天下的人，一定要衡量天下的权势，揣测诸侯的情况。如果衡量不准确，就不能了解诸侯之间的强弱形势；如果揣测不清楚，就不能了解诸侯所隐藏的实情与变化的实情。

什么是“量权”？“量权”就是衡量大小，谋划多少；计算钱财货物，统计人口的多少，要准确掌握某国哪些物产丰富，哪些物产缺乏，以及丰富与缺乏的程度如何；分辨地形的险要与平坦，何处有利，何处有害；分辨谋略的高低，哪个高明，哪个平庸；揣度君臣之间的关系，哪个亲近，哪个疏远，哪个贤能，哪个不贤；揣度门客的智慧，哪个多，哪个少；观察天时祸福是吉利还是不祥；揣度诸侯相交，哪个可以利用，哪个不可以利用；揣度人心向背的变化，是平安还是危急；揣度百姓喜欢什么，厌恶什么；揣度百姓的归附和背离有什么变化。能够对各种情况进行了解的，就是做到了“量权”。

注释

1 **量权不审，不知强弱轻重之称；揣情不审，不知隐匿变化之动静：**审，明白，清楚。意思是说：如果衡量权势、揣摩实情不清楚，就不能了解事物的强弱轻重，以及事情的变化。

2 **料人民多少：**料，计点；清查。《国语·周语上》："宣王既丧南国之师，乃料民于太原。"韦昭注："料，数也。"人民，人口。意思是统计人口之多少。

3 **饶乏有余不足几何：**饶，多；丰富。《小尔雅·广诂》："饶，多也。"此句是就一个国家的物产而言，也就是说要准确掌握某国哪些物产丰富，哪些物产缺乏，以及丰富与缺乏的程度如何。

4 **揆：**度量；揣度。《诗经·鄘风·定之方中》："揆之以日，作于楚室。"毛《传》："揆，度也。"

5 **反侧孰辩：**反侧，反复无常。辩，通"变"，变化。意思是说百姓的归附与背离有什么变化。

6 **能知此者，是谓量权：**陶弘景注云："天下之情，必见于权也，善于量权，其情可得而知之；知其情而用之者，何适而不可哉。"意思是说：能够对各种情况进行了解的，就是做到了"量权"。

原文

揣情者，必以其甚喜之时，往而极[1]其欲也，其有欲也，不能隐其情；必以其甚惧之时，往而极其恶也，其有恶也，不能隐其情。情欲必出其变[2]。感动而不知其变者，乃且错其人，勿与语而更问其所亲，

译文

"揣情"，就是一定要在对方非常高兴的时候，迎合对方，去满足对方的欲望，对方有了欲望，就不能隐藏他的实情；一定要在对方非常恐惧的时候，去见对方并让这种恐惧的情感达到极致，对方有了恐惧，就不能隐藏他的实情。人的感情出现变化一定是在非常高兴或者非常恐惧的时候。对于那些情感有所触动，却不能了解他的变化的人，要先把他放在一边，不

知其所安[3]。夫情变于内者，形见于外。故常必以其见者而知其隐者。此所谓[1]测深揣情[4][2]。

故计国事者，则当审权量；说人主，则当审揣情；谋虑情欲必出于此[5]。乃可贵，乃可贱；乃可重，乃可轻；乃可利，乃可害；乃可成，乃可败。其数一也[6]。故虽有先王之道、圣智之谋，非揣情、隐匿无可索[7]之。此谋之本也[3]，而说之法也[8]。

常有事于人，人莫能先，先事而生，此最难为[9]。故曰：揣情最难守司，言必时其谋虑[10]。故观蜎[11]飞蠕动，无不有利害，可以生事。美[12]生事者，幾之势也[13]。此揣情饰言成文章，而后可论之也[14]。

与他进行语言交流转而去问他所亲近的人，以此来了解对方的爱好。内在情感的变化，会在外部体现出来。所以常常能通过看到的外在的东西去了解隐藏起来的东西。这就是所谓的深入揣测情感。

所以说谋划国家大事的人，要仔细衡量权势；游说君主的人，要认真揣度实情。对方的谋略思考、情感欲望都是通过“量权”和“揣情”才能被发现。运用“量权”与“揣情”，可以富贵，可以贫贱；可以被尊重，可以被忽视；可以获取利益，可以受到伤害；可以获得成功，可以遭受失败。这些方法都是一致的。所以即使有先王的治国之法、有圣人的谋略，如果不揣度实情，那么隐藏起来的实情就没法探求。这是谋略的根本，也是游说的原则。

对他人施行“揣”术，他人不能预先有所展现，而“揣”术则要事先定好计策，这是行“揣”术最难的。所以说“揣情”是最难把握的，因此一定要时常考虑自己的言辞。观察昆虫飞动，就会发现都是有利有害的，都会引起事情的变化。事情在刚刚发生变化的时候，会呈现出一种细微的态势。这就是要求“揣情”时要先修饰自己的言辞，使之文采斐然，然后再进行游说。

注释

1 **极:** 尽也。

2 **情欲必出其变:** 陶弘景注云:“夫人之性,甚喜则所欲著;甚惧则所恶彰。故因其彰著而往极之,恶欲既极,则其情不隐;是以情欲因喜惧之变而生也。”意思是说:人的感情出现变化一定是在非常高兴或者非常恐惧的时候。

3 **乃且错其人,勿与语而更问其所亲,知其所安:** 错,通“措”,放置,措置。更(gēng),改变,改换。陶弘景注云:“虽因喜惧之时,以欲恶感动而尚不知其变,如此者,乃且置其人,无与之语。徐徐更问斯人之所亲,则其情欲所安可知也。”意思是说:如果用“极其欲”或“极其恶”的方法仍然不能揣测到对方的实情,那么就要先搁置此人不与之交谈,然后转而询问他所亲近的人,来了解其喜欢的东西。

4 **夫情变于内者,形见于外。故常必以其见者而知其隐者。此所谓测深揣情:** 陶弘景注云:“夫情貌不差,内变者必外见,故常以其外见而知其内隐;观色而知情者,必用此道。此所谓测深揣情也。”意思是说:所谓的“揣情”之术就是一种由外见内的方法,即通过观察人外在表现,来揣测其内心之实情。

5 **谋虑情欲必出于此:** 陶弘景注云:“审权量则国事可计,审揣情则人主可说。至于谋虑情欲皆揣而后行。故曰:谋虑情欲必出于此也。”意思是说:要考虑国事,就应当对一国的情况有所把握;要游说君主,就要揣测其内心的想法。对策士而言,游说的计谋的制定一定要建立在此基础上。

6 **其数一也:** 陶弘景注云:“言审于揣术,则贵贱成败,惟己所制,无非揣术所为。故曰其数一也。”意思是说:使人或贵或贱;或被重用,或被轻视;或使人受利,或使人受害;或使人成功,或使人失败,它们的道理都是一致的,那就是掌握了“揣”术。

7 **索:** 探求。《易·系辞上》:“探赜索隐,钩深致远”,孔颖达疏:“索,谓求索。”

8 **此谋之本也,而说之法也:** 陶弘景注云:“先王之道,圣智之谋,虽宏旷元妙，若不兼揣情之术，则彼之隐匿从何而索之？然则揣情者，诚谋之大本而说之法则也。”意思是说“揣情”是策士制定计谋和游说的根本法则。

9 **常有事于人，人莫能先，先事而生，此最难为：**陶弘景注云：“挟揣情之术者，必包独见之明，故有事于人，人莫能先也。又能穷幾应变，故先事而生，自非体元极妙，则莫能为此矣。故曰此最难为也。”意思是说：对他人施行“揣”术，他人不能预先有所展现，而“揣”术则要事先定好计策，这是行揣术最难的。

10 **揣情最难守司，言必时其谋虑：**守司，掌握。此句陶弘景注云：“人情险于山川，难于知天。今欲揣度而守司之，不亦难乎！故曰揣情最难守司，谋虑出于人情，必当知其时节。此其所以为最难也。”意思是说：“揣情”是最难把握的，因此一定要时常考虑自己的言辞。

11 **蜎（xuān）：**通“翾”，飞翔。

12 **美：**清代学者俞樾《诸子平议补录·卷十三》按，“美”当作“变”，言蜎飞蠕动之虫，无不有利害可以生事变也。“变”“美”形近而误。其观点可从。

13 **幾之势也：**幾（jī），细微的迹象；事情的苗头或征兆。陶弘景注云：“蜎飞蠕动，微虫耳，亦犹怀利害之心。故顺之则喜说，逆之则勃怒，况于人乎？况于鬼神乎？是以利害者，理所不能无顺逆者，事之所必行，然则顺之招利，逆之致害，理之常也。故观此可以成生事之美，生事者，必审幾微之势。故曰生事者幾之势也。”意思是说：要善于从微小的征兆中把握对方的情势，揣测其内情。

14 **此揣情饰言成文章，而后可论之也：**陶弘景注云：“言既揣知其情，然后修饰言语以导之，故说辞必使成文章而后可论也。”意思就是说：“揣情”时要先修饰自己的言辞，使之文采斐然，然后再进行游说。

校勘

[1] 所谓，嘉庆刊本作“所以谓”，今据《道藏》本删。

[2] 揣情，嘉庆刊本原作“探情”，《道藏》本、明嘉靖乙巳抄本作“揣

情”，以全文观之，当作“揣情”为是，今据此改。

[3] 此谋之本也，嘉庆刊本原作“此谋之大本也”，缪荃孙曰：“‘大’因注而衍。”今从正文来看，“谋之本”与“说之法”相对，“大”字似为衍文，今删。

摩

导读

《太平御览》卷四百六十二引此篇名作“摩意”，从内容上来看，本篇与《揣》篇关系密切，为姊妹篇。

“摩”即揣摩，切磋研究。“摩”在本篇中被当作“揣”的一种方法，从全文来看，“摩”是在对方处在情绪稳定的状态下，得到其内心想法的手段。本篇主要阐述了“摩”的概念、特征以及运用“摩”的方法。从结构上来看，全篇可以分为两部分：

第一部分，阐述了“摩”的概念以及“摩”的特征。关于“摩”的概念，文章指出：“摩”是“揣”的一种方法，其主要目的就是要掌握对方的“符应”，获取对方内心的实情，并加以利用。即文中所谓“摩之在此，符应在彼，从而用之，事无不可”。

关于“摩”的特征，可以从文中“微摩之，以其所欲，测而探之，内符必应。其所应也，必有为之。故微而去之，是谓塞窌、匿端、隐貌、逃情，而人不知”的记载概括出：“摩”具有“隐秘”的特征。

第二部分，阐述了运用“摩”的方法。关于运用“摩”的方法，文中指出有平、正、喜、怒、名、行、廉、信、利、卑等十种方法。文末还以“物归类”来做比拟，概括出在具体运用“摩”的过程中要“摩之以其类”“摩之以其欲”。

所谓“摩之以其类”，就是要先了解对方属于哪一类，再针对不同的类别进行“摩”，即文中所谓“此物类相应，于势譬犹是也。此言内符之应外摩也如是，故曰摩之以其类焉”。

所谓“摩之以其欲”，就是当“摩之以其类”的方法不能产生效果的情况下，采取顺从其欲望的方法来求得其真实意图，这样就能达到目的。即文中所谓“有不相应者，乃摩之以其欲，焉有不听者”。

《摩》篇还强调在进行“摩”时要注意隐藏自己的真实意图，只有这样才能保证自身的安全，体现了高明的人生智慧。

原文

摩者，揣之术也[1]。内符者，揣之主也[2]。用之有道，其道必隐[3]。微[4]摩之，以其所欲，测而探之，内符必应。其所应也，必有为之[5]。故微而去之，是谓塞窌、匿端、隐貌、逃情，而人不知。故能成其事而无患[6]。摩之在此，符应在彼，从而用之，事无不可[7]。

古之善摩者，如操钩而临深渊，饵而投之，必得鱼焉。故曰：主事日成而人不知，主兵日胜而人不畏也[8]。圣人谋之于阴，故曰“神”；成之于阳，故曰“明”[9]。所谓主事日

译文

“摩”是“揣”的一种方法。利用对方内在情感的外在表现来探知对方的实情，是“揣”的主要目的。运用“摩”是有规律的，其规律在于做到隐蔽。根据对方的欲望，暗中揣摩研究，测探其内心的实情，那么内在情感的外在反应就会出现。这种反应的出现，一定可以加以利用。利用之后要悄悄地离开对方，要隐藏起来，消除痕迹，隐藏容貌，掩饰真情，这样别人就无法得知自己的意图，这样就能事事成功而没有担忧。在此处揣摩研究，外部的表现出现在彼处，然后加以利用，事情就没有做不成的。

古代善于使用“揣摩”之术的人，就像拿着鱼钩去深潭边钓鱼一样，投下鱼饵，就一定能钓到鱼。所以说，用“揣摩”之术行事，每天能取得成功而别人却不知道，行军打仗每天都能获得胜利，别人却不感到畏惧。圣人常在隐蔽处进行谋划，所以被称为“神”；圣人的成功却能被大家看到，所以被称为“明”。所谓“行事每日取得成功”，这

成者，积德也；而民安之不知其所以利；积善也，民道[10]之，不知其所以然，而天下比之神明也。主兵日胜者，常战于不争不费，而民不知所以服，不知所以畏，而天下比之神明[11]。

是圣人积累德行的缘故；百姓安居乐业，却不知道为何得利；积累善行，百姓施行它，却不知为何如此，因而天下将圣人比作“神明”。所谓“行军打仗每日都能获得胜利”，是由于不用进攻的手段打仗，不消耗人力物力，百姓不知为何服从，不知为何畏惧，所以天下将圣人比作“神明”。

注释

1 **摩者，揣之术也：** 摩，切磋；研究。陶弘景注云：“谓揣知其情，然后以其所欲切摩之，故摩为揣之术。”意思是说：“摩”是“揣”的一种方法。

2 **内符者，揣之主也：** 内符，内心情感的外在表现。陶弘景注云：“内符者，谓情欲动于内而符验见于外。揣者见外，符而知内情。故内符为揣之主也。”意思是说：利用对方内在情感的外在表现来探知对方的实情，是“揣”的主要目的。

3 **用之有道，其道必隐：** 隐，隐密；隐蔽。陶弘景注云：“揣者所以度其情慕，摩者所以动其内符。用揣摩者，必先定其理，故曰：用之有道。”又注云：“以情度情，情本潜密，故曰：其道必隐也。”意思是说：运用“摩”是有规律的，其规律在于做到隐蔽。

4 **微：** 秘密地，偷偷地。《韩非子·内储说下》：“司马喜，中山君之臣也，而善于赵。尝以中山之谋微告赵王。”此“微”即“秘密地”之意。

5 **其所应也，必有为之：** 陶弘景注云：“言既揣知其情所趋向，然后以其所欲微切摩之，得所欲而情必动；又测而探之，如此则内符必应。内符既应，必欲为其所为也。”意思是说，当对方流露出真实情感，就可以加以利用。

6 **故微而去之，是谓塞窌、匿端、隐貌、逃情，而人不知。故能成其事而**

无患：穿（jiào），同“窖”，地窖，地洞。陶弘景注云：“君既欲为事必可成，然后从之；臣事贵于无成有终，故微而去之尔。若已不同于此，计令功归于君，如此可谓塞穿、匿端、隐貌、逃情。情逃而穿塞，则人何从而知之。人既不知，所以息其僭妒，故能成事而无患也。”意思是说：利用之后要悄悄地离开对方，要隐藏起来，消除痕迹，隐藏容貌，掩饰真情，这样别人就无法得知自己的意图，这样就能事事成功而没有担忧。

7 **摩之在此，符应在彼，从而用之，事无不可：**陶弘景注云：“此摩甚微，彼应自著。观者但睹其著而不见其微，如此用之，功专在彼，故事无不可也。”此句是强调“摩”的作用，意思是说：利用“摩”术，得到对方情感，并加以利用，就可以无往而不利。

8 **主事日成而人不知，主兵日胜而人不畏也：**陶弘景注云：“钓者露饵而藏钩，故鱼不见钩而可得；贤者显功而隐摩，故人不知摩而自服。故曰主事日成而人不知也；兵胜由于善摩，摩隐则无从而畏，故曰主兵日胜而人不畏也。”意思是说：用“揣摩”之术行事，每天能取得成功而别人却不知道，行军打仗每天都能获得胜利，别人却不感到畏惧。

9 **圣人谋之于阴，故曰“神”；成之于阳，故曰“明”：**陶弘景注云：“潜谋阴密，日用不知，若神道之不测，故曰神也。功成事遂，焕然彰著，故曰明也。”意思说：善用“摩”术之人，就能像圣人一样用力无形，收获显著。

10 **道：**施行；实行。《韩非子·五蠹》：“舍必不亡之术，而道必灭之事，治国者之过也。”此“道”即“施行”之意。

11 **主兵日胜者，常战于不争不费，而民不知所以服，不知所以畏，而天下比之神明：**陶弘景注云：“善战者，绝祸于心胸，禁邪于未萌。故以不争为战，师旅不起。故国用不费，至德潜畅，玄风遐扇，功成事就，百姓皆得自然。故不知所以服，不知所以畏，比之于神明也。”意思说：圣人善于使用“摩”术，故能弭兵于未起之时。

原文

其摩者，有以平，有以正，有以喜，有以怒，有以名，有以行，有以廉，有以信，有以利，有以卑[1]。平者，静也；正者，宜也；喜者，悦也；怒者，动也；名者，发也；行者，成也；廉者，洁也；信者，期也；利者，求也；卑者，謟[2]也。故圣人所以独用者，众人皆有之。然无成功者，其用之非也[3]。

故谋莫难于周密，说莫难于悉听，事莫难于必成。此三者，唯圣人然后能任之[4]。故谋必欲周密，必择其所与通者说也，故曰：或结而无隙也[5]。夫事成必合于数，故曰：道数与时相偶者也[6]。

说者听必合于情，故曰：情合者听[7]。故物归类，抱薪趋火，燥

译文

采取"揣摩"之术：有的用平和，有的用正直，有的用喜悦，有的用愤怒，有的用名誉，有的用行贿，有的用廉洁，有的用信义，有的用利益，有的用谦卑。"平"就是让对方平静；"正"就是让对方感到适宜融洽；"喜"就是让对方感到愉悦；"怒"就是让对方情绪发生波动，从而激怒对方；"名"就是能将对方的名声发扬光大；"行"就是要让对方有所成；"廉"就是能使对方感到高洁；"信"就是让对方信任，并有所期望；"利"就是让对方有所获取；"卑"就是对对方有所隐瞒。所以只有圣人才能运用这些方式。这些方式众人也都拥有，但却不能取得成功，是因为他们运用不得当。

所以制定谋略最难的是周全隐秘，游说最难的在于让对方言听计从，做事情最难的在于一定要成功。这三个方面只有圣人才能够做到。所以制定谋略要想周全隐秘，就一定要选择与其感情好的人去游说，所以说"要结交而不要有裂痕"。要想做事一定能取得成功，就要符合一定的法则，所以说"规律、法则和时机三者要相匹配"。

游说的人要能符合对方的实情，言辞才会被对方听从，所以说"只有与实情相符合的言辞才会被听从"。所以事物一定是以类相聚，抱着柴火走向火边，总是干燥的柴先

者先燃；平地注水，湿者先濡[8]。此物类相应，于势譬犹是也。此言内符之应外摩也如是[9]。故曰：摩之以其类焉，有不相应者，乃摩之以其欲[10]，焉有不听者？故曰：独行之道。夫幾者不晚，成而不拘，久而化成[11]。

燃烧；往平坦的地方灌水，总是低湿的地方先被淹没。这就是"物"与"类"相合，这在情势上也是一样的。这就是说内在情感的变化与外在"揣摩"的情况也是如此。所以说按照事物的类别加以揣摩，如果没有得到呼应，就顺着他的欲望加以揣摩，这样对方哪里还会不听从呢？所以说"揣摩"之术，是圣人才能够使用的技巧啊。所以那些能够识别微小预兆的人，不会失去良机，有所成就的人不会拘泥于其成就，久而久之，就能教化天下。

注释

1 **其摩者，有以平，有以正，有以喜，有以怒，有以名，有以行，有以廉，有以信，有以利，有以卑：** 陶弘景注云："凡此十者，皆摩之所由而发。言人之材性参差，事务变化，故摩者亦消息盈虚，因幾而动之。"此句强调施行"摩"术时，要针对不同的对象，采用不同的方式。

2 **謟（tāo）：** 隐藏，隐瞒。《晏子春秋·问下》："和于兄弟，信于朋友，不謟过，不责得。"此"謟"即"隐瞒"之意。

3 **然无成功者，其用之非也：** 陶弘景注云："言上十事，圣人独用以为摩而能成功立事，然众人莫不有之。所以用之，非其道，故不能成功也。"此句强调如果不能因人而异地施行"摩"术，就不能成功。

4 **故谋莫难于周密，说莫难于悉听，事莫难于必成。此三者，唯圣人然后能任之：** 任，堪；胜，指"胜任"。陶弘景注云："谋不周密则失机而害成，说不悉听则违理而生疑，事不必成则止篑而中废，皆有所难。能任之而无疑者，其唯圣人乎？"意思是说：制定谋略最难的是周全隐秘，游说最难的在于让对方言听计从，做事情最难的在于一定要成功。这三个方面只有圣人才能够做到。

5 **故谋必欲周密，必择其所与通者说也，故曰：或结而无隙也：**陶弘景注云："为通者说谋，彼必虚受；如受石投水，开流而纳泉，如此则何隙而可得。故曰结而无隙也。"意思是说：所以制定谋略要想周全隐秘，就一定要选择与其感情好的人去游说，所以说"要结交而不要有裂痕"。

6 **道数与时相偶者也：**偶，匹配。陶弘景注云："夫谋成，必先考合于术数，故道、数、时三者相偶合，然后事可成而功可立也。"意思是说：要想做事一定能取得成功，就需要"规律""法则"和"时机"三者相匹配。

7 **此言说者听必合于情，故曰：情合者听：**陶弘景注云："进说而能令听者，其唯情合者乎。"意思是说：游说的人要想符合对方的实情，言辞才会被对方听从，所以说"只有与实情相符合的言辞才会被听从"。

8 **濡(rú)：**沾湿；浸渍。《诗经·邶风·匏有苦叶》："济盈不濡轨，雉鸣求其牡。"毛《传》："濡，渍也。"

9 **此言内符之应外摩也如是：**陶弘景注云："言内符之应外摩，得类则应。譬犹水流就湿，火行就燥也。"意思是说：这就是说内在情感的变化与外在的"揣摩"的情况也是如此。

10 **摩之以其类焉，有不相应者，乃摩之以其欲：**此句强调"摩"的两种方法："摩之以其类"和"摩之以其欲。"意思是说：按照事物的类别加以揣摩，如果没有得到呼应，就顺着他的欲望加以揣摩。

11 **幾者不晚，成而不拘，久而化成：**陶弘景注云："见幾而作，何晚之有？功成不居，何拘之有？久行此二者，可以化天下。"意思是说：那些能够识别微小预兆的人，不会失去良机，有所成就的人不会拘泥于其成就，久而久之，就能教化天下。

权

导读

《太平御览》卷四百六十二引用本篇称作“量权”。权，就是衡量、比较。本篇之“权”特指在游说的过程中，衡量、比较游说对象的特点，并由此采取不同言辞。本篇阐述了游说的概念、进献说辞的方法及进献说辞的原则。从结构上来看，本篇分为三部分。

第一部分阐述游说的概念。文中指出“说者，说之也；说之者，资之也”，意思是说游说就是说服对方，要说服对方就要对别人有所帮助，才能让对方言听计从。此外，文中还进一步列举了“饰言”“利辞”“轻论”“难言”“却论”“佞言”“谀言”“平言”“戚言”“静言”等说辞的特点及采取某种说辞的目的。

第二部分阐述了游说时进献说辞的方法。文中指出言谈时要有所忌讳，要根据人之常情来采取合适的进献说辞的方法，即“言其有利者，从其所长也；言其有害者，避其所短也”。意思是说：谈论有利的情况，就要利用他的长处；谈论有害的情况，就要回避他的短处。

第三部分阐述了游说时进献说辞的原则。文中指出游说时进献的说辞有病言、恐言、忧言、怒言、喜言五种，在游说的过程中，要根据游说对象的特点灵活采用这五种说辞，即“精则用之，利则行之”。

总之，全篇贯穿的一个主旨就是：针对不同游说对象，针对不同的游说形势，采取不同的游说手法，而不同的游说手法，又需要选择不同的游说言辞。此篇体现了战国纵横家对“说辞”的重视。

原文

说者，说之也；说之者，资之也[1]。饰言者，假之也；假之者，益损也[2]。应对者，利辞也；利辞者，轻论也[3]。成义者，明之也；明之者，符验也[4]。[1]难言者，却论也；却论者，钓幾也[5]。

佞言者，諂而干忠[6]；谀言者，博而干智[7]；平言者，决而干勇[8]；戚言者，权而干信[9]；静言者，反而干胜[10]。先意承欲者，諂也；繁称文辞者，博也；纵舍不疑者，决也；策选进谋者，权也；先分不足以窒非者，反也[11]。

译文

游说，是为了说服别人；说服别人，要能对别人有所帮助。修饰言辞，是为了借助巧言去说服别人，借助巧言去说服别人，要对言论进行增加或减少以满足对方的意图。回答应对，依靠的是巧辩的言辞，巧辩的言辞，是快速的言论。符合义理的言辞，需要阐明，阐明则需要事实的验证。诘难的言辞，是驳斥对方的言论，驳斥对方的言论，是为了诱惑出对方隐秘的实情。

奸巧的言辞，是用巴结逢迎来求得忠诚的美名；华而不实奉承的言论，是用广博来求得智慧的美名；果断的言辞，是用果决来求得勇敢的美名；悲戚的言论，是通过进献计谋来求得对方的信任；心平气和的言论，是知道自己言论理由不充分，反而责备他人的不足，以言辞的反诘来求得胜利。事先知道对方的意图，并顺应奉承对方的欲望，这是谄媚；频繁称引华丽的辞藻，这是广博；做事没有怀疑，这是果决；策划计谋并从中选择，这是权变；自己言论的理由不足，反而攻击对方不足，致使对方感觉自己出错，这就是“反”。

注释

1 **说者，说之也；说之者，资之也：**资，帮助。陶弘景注云：“说者，说之于彼人也；说之者，所以资于彼人也。”意思是说：游说，是为了说服别人；说服别人，就要告诉别人，自己能对他有所帮助。

2 **饰言者，假之也；假之者，益损也：**陶弘景注云："说者所以文饰言语，但假借以求入于彼，非事要也；亦既假之须有损益，故曰假之者，损益也。"意思是说：修饰言辞，是为了借助巧言去说服别人，因此要对言论进行增加或减少以满足对方的意图。

3 **应对者，利辞也；利辞者，轻论也：**利辞，巧辩的言辞。陶弘景注云："谓彼有所问，卒应而对之，但便利辞也。辞务便利，故所论之事，自然利辞，非至言也。"意思是说：回答应对，依靠的是巧辩的言辞，巧辩的言辞就是快速的言论。

4 **成义者，明之也；明之者，符验也：**陶弘景注云："核实事务以成义理者，欲明其真伪也；真伪既明则符验自著。故曰：明之者，符验也。"意思是说：符合义理的言辞，需要阐明，阐明则需要事实的验证。

5 **难言者，却论也；却论者，钓幾也：**难（nàn）言，难，诘难，责难。难言是指诘难的言论。陶弘景注云："却论者，必理精而事明，幾微可得而尽矣，故曰却论者钓幾也。求其深隐曰钓也。"意思是说：诘难的言辞，是驳斥对方的言论，其目的是为了诱惑出对方隐秘的实情。

6 **佞言者，謟而干忠：**謟，即"谄"，巴结逢迎。干，求。陶弘景注云："謟者，先意承欲以求忠名，故曰謟而干忠。"意思是说：佞言是通过巴结逢迎来求得忠诚的美名的言论。

7 **谀言者，博而干智：**陶弘景注云："博者繁称文辞以求智名，故曰博而干智。"意思是说：不实奉承的言论，是用广博来求得智慧的美名。

8 **平言者，决而干勇：**平言，果断的言论。陶弘景注云："决者，纵舍不疑以求勇名，故曰决而干勇。"意思是说：果断的言辞，目的是用自己的果决来求得勇敢的美名。

9 **戚言者，权而干信：**戚言，忧戚的样子，说出悲戚的言论。陶弘景注云："戚者，忧也。谓象忧戚而陈言也。权者策选进谋，以求信名，故曰权而干信。"意思是说：讲出悲戚的言论，目的是通过进献计谋来求得对方的信任。

10 **静言者，反而干胜：**陶弘景注云："静言者，谓象清净而陈言；反者，他分不足以窒非，以求胜名。故曰反而干胜。"意思是说：心平气和的言论，是知道自己言论理由不充分，反而责备他人的不足，以言辞的反诘来求得胜利。

11 **先分不足以窒非者，反也：** 窒，阻止；遏制。陶弘景注云："己实不足，不自知而内讼，而反攻人之过，窒他为非，如此者反也。"意思是说：自己言论的理由不足，反而攻击对方不足，致使对方感觉自己出错，这就是"反"。

原文

故口者，机关也，所以关闭情意也[1]。耳目者，心之佐助也，所以窥瞷奸邪[2]。故曰："参调而应，利道而动[3]。"故繁言而不乱，翱翔而不迷，变易而不危者，睹要得理[4]。故无目者，不可示以五色；无耳者，不可告以五音[5]。故不可以往者，无所开之也；不可以来者，无所受之也[6]。物有不通者，圣人故不事也[7]。古人有言曰："口可以食，不可以言"者[2]，有讳忌也；"众口铄金"，言有曲故也[8]。

译文

所以口是发出言辞的机关，是用来打开、关闭实情意愿的；耳朵和眼睛，是心的辅助，是用来窥视奸诈邪恶。所以说："口、耳、目三者协调呼应，就会向着有利的方向发展。"所以用烦琐的言论不使人混乱，纵横言辞却不使人迷惑，变异言辞却不让别人感受到被欺诈，是因为抓住了要害，掌握了事理。所以没有视力的人，不必向他们展示五色；没有听力的人，不必让他们听五音。所以说不能前往说服的人，是由于这个人没有可以开导的地方；不能够征召而来的人，是由于这个人没什么地方可以被接受。事情如果不通达，圣人就不会有所作为。古人说："嘴能够吃饭，却不能讲话"，这就是说言论要有忌讳；"众人的言论足以熔化金属"，是言语有偏颇的缘故。

注释

1 **故口者，机关也，所以关闭情意也：** 陶弘景注云："口者，所以发言语，故曰机关也；情意宣否在于机关，故曰所以开闭情意也。"意思是说：口是发出言辞的机关，是用来打开、关闭实情意愿的。

2 **耳目者，心之佐助也，所以窥瞷奸邪：** 瞷(jiàn)：窥视；与"窥"同义连用。陶弘景注云："耳目者所以助心通理，故曰心之佐助也；心得耳目即能窥见间隙，见彼奸邪，故曰：窥瞷奸邪也。"意思是说：耳朵和眼睛，是心的辅助，是用来窥视奸诈邪恶的。

3 **参调而应，利道而动：** 参，同"叁(三)"，此处指口、耳、目三者。陶弘景注云："耳目心三者调和而相应，则动必成功，吉无不利，其所以无不利者，则以顺道而动，故曰：参调而应，利道而动也。"意思是说：口、耳、目三者协调呼应，然后就能向着有利的地方做出选择，从而取得成功。

4 **故繁言而不乱，翱翔而不迷，变易而不危者，睹要得理：** 危，通"诡"，欺诈，欺骗。陶弘景注云："苟能睹要得理，便可曲成不失。故虽繁言纷葩而不乱，翱翔越道而不迷，变易改当而不危也。"意思是说：用烦琐的言论不使人混乱，纵横言辞却不使人迷惑，变异言辞却不让别人感到被欺诈。

5 **故无目者，不可示以五色；无耳者，不可告以五音：** 五色，青、黄、赤、白、黑五种颜色；五音，指中国五声音阶中的宫、商、角、徵、羽五个音调。陶弘景注云："五色为有目者施，故无目者不可得而示；五音为有耳者作，故无耳者不可得而告。"正得此意。

6 **故不可以往者，无所开之也；不可以来者，无所受之也：** 陶弘景注云："此不可以往说于彼者，为彼暗滞，无所可开也；彼所以不来说于此者，为此浅局无所可受也。"意思是说：不能前往说服的人，是由于这个人没有可以开导的地方；不能够征召而来的人，是由于这个人没什么可取之处。

7 **物有不通者，圣人故不事也：** 不事即不作为。陶弘景注云："夫浅局之与暗滞，常闭塞而不通，故圣人不事也。"意思是说：事情如果不通达，圣人就不会有所作为。

8 **“众口铄金”，言有曲故也：**铄，熔化。众口铄金，意思是说，众人的言论可以熔化金属，后比喻众口同声足以混淆事实。陶弘景注云：“金为坚物，众口能铄之，则以众口有私曲故也。故曰：言有曲故也。”意思是说：众人的言论足以熔化金属，是因为言语有偏颇的缘故。

原文

人之情，出言则欲听，举事则欲成。是故智者不用其所短，而用愚人之所长；不用其所拙，而用愚人之所工，故不困也[1]。言其有利者，从其所长也；言其有害者，避其所短也[2]。故介虫之捍也，必以坚厚；螫虫[3]之动也，必以毒螫。故禽兽知用其长，而谈者亦知其用而用也[4]。

故曰：辞言有五：曰病、曰恐、曰忧、曰怒、曰喜。病者，感衰气而不神也；恐者，肠绝而无主也；忧者，闭塞而不泄也；怒者，妄动而不治也；喜者，宣散而无要也[5]。此五者，精则用

译文

人之常情，是希望说出的话有人听从，做事情都希望能取得成功。因此聪明的人不使用自己的短处，而是利用愚笨者的长处；不使用自己不擅长的地方，而利用愚笨者所擅长的地方，所以就不会让自己陷入困境。谈论有利的情况，就要利用他的长处；谈论有害的情况，就要回避他的短处。所以甲虫保护自己是用它坚硬的外壳；毒虫行动是使用自己的毒螫。所以禽兽都知道利用自己的长处，那么说客也要知道用他该用的方法。

所以在交际中可以使用的言辞有五种：病言、恐言、忧言、怒言、喜言。病言，就是气力不足，说话没精神；恐言，就是像害怕断了肠子那样没有主见；忧言，就是言辞闭塞，无法通畅；怒言，就是任意胡为，说话没有条理；喜言，就是得意忘形，说话没有要点。这五种言辞，只有精通才能使用，只有有利可图才能施行。所以说与聪明的人交谈，要依托于广博；

之，利则行之[6]。故与智者言，依于博；与博者言，依于辨；与辨者言，依于要；与贵者言，依于势；与富者言，依于高；与贫者言，依于利；与贱者言，依于谦；与勇者言，依于敢；与愚者言，依于锐。此其术也，而人常反之[7]。

是故与智者言，将此以明之；与不智者言，将此以教之；而甚难为也[8]。故言多类，事多变。故终日言，不失其类而事不乱[9]。终日不变，而不失其主，故智贵不妄[3]。听贵聪，智贵明，辞贵奇[10]。

与学识广博的人交谈，要依托于善辩；与善于辩论的人交谈，要依托于言谈简要；与地位显贵的人交谈，要依托于权势；与有钱的人交谈，要依托于高雅；与贫困的人交谈，要依托于利益；与地位低的人交谈，要依托于谦卑；与勇敢的人交谈，要依托于果决；与愚蠢的人交谈，要依托于敏锐。这些是与人交际的方法，但是人们却常常违背。

所以与聪明的人交谈，就要用这种方法让他明白；与愚蠢的人交谈，就要用这种方法来教导他，但是这也是非常难做到的。所以说，事情多变，言谈也要有多种方式。所以，即便终日谈论，只要坚持根据实际情况选择言谈方式的原则，那么事情就不会混乱。事情不混乱，那么终日谈论的内容就不会有变化，也不会失去主见，所以说聪明贵在不妄为。听人讲话最重要的是清楚明了，智慧最重要的是明辨事理，言辞最重要的是变化多端。

注释

1 **是故智者不用其所短，而用愚人之所长；不用其所拙，而用愚人之所工，故不困也：** 拙，不擅长。工，擅长；善于。陶弘景注云："智者之短，不胜愚人之长；智者之拙，不胜愚人之工。常能弃此拙短而用彼工长，故不困也。"意思是说：聪明的人不使用自己的短处，而是利用愚笨者的长处；不使用自己不擅长的地方，而利用愚笨者所擅长的地方，所以就不会让自己陷入困境。

2 **言其有利者，从其所长也；言其有害者，避其所短也：**陶弘景注云："人能从利之所长，避害之所短，故出言必见听，举事必成功也。"意思是说：谈论有利的情况，就要利用他的长处；谈论有害的情况，就要回避他的短处。

3 **螫（shì）虫：**有毒腺的虫子。

4 **故禽兽知用其长，而谈者亦知其用而用也：**陶弘景注云："言介虫之捍也，入坚厚以自藏，螫虫之动也，行毒螫以自卫，此用其所长，故能自勉于害，至于他鸟兽，莫不知用其长，以自保全。谈者感此，亦知其所用而用也。"意思是说：禽兽都知道利用自己的长处，那么说客在游说的过程中也要发挥其长处。

5 **病者，感衰气而不神也；恐者，肠绝而无主也；忧者，闭塞而不泄也；怒者，妄动而不治也；喜者，宣散而无要也：**陶弘景注云："病者恍惚，故气衰而言不神也；恐者内动，故肠绝而言无主也；忧者怏悒，故闭塞而言不泄也；怒者郁勃，故妄动而言不治也；喜者摇荡，故宣散而言无要也。"以上是阐述五种言辞的特点。

6 **此五者，精则用之，利则行之：**陶弘景注云："此五者既失其平常，故用之在精，而行之在利。其不精利则废而止之也。"意思是说：要利用这五种"非常"的言辞进行游说，只有精通才能使用，只有有利才能施行。

7 **此其术也，而人常反之：**陶弘景注云："此量宜发言，言之术也。不达者反之，则逆理而不免于害也。""其术"是游说时，要针对不同的游说对象，选择不同的言辞（即前文"与智者言，依于博"等）。意思是说：因游说对象而异，选取不同的言辞这一原则，人们却经常违反它。

8 **是故与智者言，将此以明之；与不智者言，将此以教之；而甚难为也：**陶弘景注云："与智者语，将以明斯术；与不智者语，将以此术教之。然人迷日久，教之不易，故难为也。"意思是说：与聪明的人交谈，就要用这种方法让他明白；与愚蠢的人交谈，就要用这种方法来教导他，但是这也是非常难做到的。

9 **故言多类，事多变。故终日言，不失其类而事不乱：**陶弘景注云："言者条流舛杂，故多类也；事则随时而化，故多变也。若言不失类，则事亦不乱也。”意思是说：事情多变，言谈也要有多种方式。只要根据实际情况，选择不同种类的言谈的方式，事情就不会乱。

10 **听贵聪，智贵明，辞贵奇：** 陶弘景注云：“听聪则真伪不乱，知明则可否自分，辞奇则是非有诠。三者能行则功成事立。故须贵也。”此句强调听、智、辞的原则。意思是说：听言最重要的是清楚明了，智慧最重要的明辨事理，言辞最重要的是变化多端。

校勘

[1] 嘉庆刊本在“明之者，符验也”文下有“言或反覆，欲相却也”八字。按：此系秦恩复所妄增。《道藏》本、明嘉靖乙巳抄本，“言或反覆，欲相却也”八字皆在“明之者，符验也”下之陶注中，则此八字当系注文而为秦恩复所误移为正文。

[2] 嘉庆刊本“者”上有“言”字，文作“口可以食，不可以言。言者，有讳忌也”，今据《道藏》本删。

[3] 不妄，嘉庆刊本原作“不忘”，今据《道藏》本、明嘉靖乙巳抄本改。

谋

导读

《太平御览》卷四百六十二引用此篇时称为“谋虑”。从内容上来看，此篇与《权》篇关联性大，为姊妹篇。

谋即谋略、计谋。本篇是论述计谋的专篇，详细论述了计谋产生的前提、运用计谋的原则及运用计谋时要注意的事项。从结构上来看全篇分为三个部分：

第一部分讨论计谋产生的前提。文中指出：“审得其情，乃立三仪”“参以立焉，以生奇”。意思就是出人意料的谋略产生的前提是：明确掌握对方的实情，确立上中下三个准则，并将这三个准则加以配合。

第二部分阐述计谋运用的原则。概括文中所言可以得知，运用计谋时应该因人而异，采取不同的计谋。文中特别举出要对“仁人”“勇士”“智者”“愚者”“不肖者”“贪者”采取不同的计谋，即要做到“因事而裁之”，就是要根据具体的实际对这几种人采取不同的计谋。

第三部分阐述计谋运用时的注意事项。从文中“计谋之用，公不如私，私不如结，结而无隙者也”的记载可以概括出运用计谋应当注意隐蔽。只有注意这些事项，计谋的施行才能无往而不利。即文中所谓“由能得此，则可与谷远近之诱”。

本篇体现了《鬼谷子》对“谋”的重视，从其中“因人而异”地采取计谋，以及要注重计谋的隐蔽性来看，战国的纵横家们已有丰富的游说经验。

原文

凡谋有道，必得其所因，以求其情[1]。审得其情，乃立三仪。三仪者：曰上，曰中，曰下，参以立焉，以生奇[2]。奇不知其所壅，始于古之所从[3]。故郑人之取玉也，载司南[4]之车，为其不惑也。夫度材量能，揣情者，亦事之司南也。

故同情而相亲者，其俱成者也；同欲而相疏者，其偏成[1]者也[5]。同恶而相亲者，其俱害者也；同恶而相疏者，偏害者也[6]。故相益则亲，相损则疏。其数行也，此所以察异同之分也[7]。故墙坏于其隙，木毁于其节，斯盖其分也[8]。故变生事，事生谋，谋生计，计生议，议生说，说生进，

译文

凡是制定谋略一定是有规律的，一定要了解事情的原委，再来推究实情。明确掌握了对方的实情，就需要确定三条计策。这三条准则是：上、中、下，将这三条计策配合起来，就能制定出出人意料的计谋。出人意料的计谋，没有什么能够阻塞它，这个道理从古代就开始遵循了。所以，郑国人想要得到美玉，一定会把司南放到车上，为的是不迷失方向。考量才华，衡量才能，揣度实情，这些也是做事情的“司南”。

所以具有共同情欲而又相互亲近的人，两者都能取得成功；具有共同欲望，但却彼此疏远的人，一定只能使某一方取得成功。具有共同厌恶的东西而又相互亲近的人，两者都会受到伤害；具有共同厌恶的东西，但却彼此疏远的人，也会使某一方受到伤害。所以说对双方都有好处，就会彼此亲近；对双方都会产生损害，就会彼此疏远。这个规律会产生作用，我们可以用这个规律来观察事物的区别之处。所以墙都是从其缝隙裂开，树木都是从其关节处被折断，这隙、节大概就是异同相互区别之处。所以变化会生出事端，发生了事端又会产生谋划，谋划就会产生计策，计策需要议论，议论之后就会产生言辞，言辞会被采纳，言辞被采纳也有可

进生退，退生制。因以制于事，故百事一道而百度一数也[9]。	能被摒除，言辞被摒除之后就会产生制度。因此要用这种制度来制约事端，所以各种事物、各种制度，其根本道理都是相同的。

注释

1 **凡谋有道，必得其所因，以求其情**：陶弘景注云："得其所因，则其情可求；见情而谋，则事无不济。"意思是说：凡是制定谋略一定是有规律的，一定要了解事情的原委，再来推究实情。

2 **参以立焉，以生奇**：参，配合。奇，变幻莫测；出人意料。奇，本为形容词，在这里作名词用，指出人意料的计谋。陶弘景注云："言审情之术，必立上智、中才、下愚。三者参以验之，然后奇计可得而生。"意思是说：根据得到的实情，制定上、中、下三条计策，将这三条计策配合起来，就能制定出出人意料的计谋。

3 **奇不知其所壅，始于古之所从**：壅（yōng），堵塞；阻隔。陶弘景注云："奇计既生，莫不通达，故不知其所壅蔽。然此奇计，非自今也，乃始于古之顺道而动者，盖从于顺也。"意思是说：制定出的出人意料的计谋，没有什么能够阻塞它，这个原则从古代就开始遵循了。

4 **司南**：我国古代辨别方向用的一种仪器。用天然磁铁矿石琢成勺形，放在一个光滑的盘上，盘上刻着方位，利用磁铁指南的作用，可以辨别方向，是现在所用指南针的始祖。

5 **故同情而相亲者，其俱成者也；同欲而相疏者，其偏成者也**：同情，指欲望和目的相同。陶弘景注云："同情，谓欲共谋立事，事若俱成，后必相亲。若乃一成一害，后必相疏，理之常也。"意思是说：具有共同情欲而又相互亲近的人，两者都能取得成功；具有共同欲望，但却彼此疏远的人，一定只能使某一方取得成功。

6 **同恶而相亲者，其俱害者也；同恶而相疏者，偏害者也**：陶弘景注云："同恶，谓同为彼所恶。后若俱害，情必相亲，若乃一全一害，后必相疏，亦理之常也。"意思是说：具有共同厌恶的东西而又相互亲近的人，两者都会受到伤害；具有共同厌恶的东西，但却彼此疏远的人，也会对某一方产生伤害。

7 **其数行也，此所以察异同之分也：**数，权术。陶弘景注云："异同之分，用此而察。"意思是说：这个规律会产生作用，我们可以用这个规律来观察异同的区别之处。

8 **故墙坏于其隙，木毁于其节，斯盖其分也：**陶弘景注云："墙木坏毁，由于隙节，况人事之变生于异同，故曰斯盖其分也。"意思是说：墙都是从其缝隙裂开，树木都是从其关节处被折断，这隙、节大概就是异同相互区别之处。

9 **故百事一道而百度一数也：**陶弘景注云："言事有根本，各有从来，譬之卉木，因根而有枝条花叶，故因变隙，然后生于事业。事业者，必须计谋成；计谋者，必须议说；议说者，必有当否。故须进退之。既有黜陟，须别事以为法，而百事百度，何莫由斯而至。故其道数一也。"意思是说：各种事物、各种制度，其根本道理都是相同的。

原文

夫仁人轻货，不可诱以利，可使出费[1]；勇士轻难，不可惧以患，可使据危[2]；智者达于数，明于理，不可欺以不诚，可示以道理，可使立功，是三才也。故愚者易蔽也，不肖者易惧也，贪者易诱也，是因事而裁之[3]。故为强者，积于弱也；为直者，积于曲也；有余者，积于不足也。此其道术行也[4]。

译文

仁义的人轻视财货，不能用利益来诱惑他们，可以让他们捐出钱财；勇敢的人轻视困难，所以不能用忧患来吓唬他们，可以让他们来安定危困的局面；聪明的人通达规律，明晰事理，不能用不诚实的话来欺骗他们，可以跟他们讲道理，让他们建功立业，这就是三种人才。所以愚蠢的人容易被蒙蔽，不贤能的人容易被恐吓，贪婪的人容易被诱惑，这三种人可以根据具体的情况来判断。所以强大都是从弱小逐渐积累而来；正直都是从纠正歪曲积累而来；有余都是从不足积累而来。这就是道术得以施行的原因。

故外亲而内疏者，说内；内亲而外疏者，说外[5]。故因其疑以变之，因其见以然之，因其说以要之，因其势以成之，因其恶以权之，因其患以斥之[6]。摩而恐之，高而动之，微而正之，符而应之，拥而塞之，乱而惑之，是谓计谋[7]。

所以外表亲近而内心疏远的人，要从内心入手进行游说；内心亲近而外表疏远的人，要从外在入手进行游说。要根据对方的疑惑来帮他分析，要顺着他的看法来肯定他，要顺着他的说法来与他交往，要根据他的情势让他取得成功，根据他所厌恶的东西来帮他权衡，根据他的忧患来帮他排忧解难。用“揣摩”的方法来使他恐惧，用抬高对方的方法来使对方有所触动，让他衰败再来纠正他，用外在的表现来回应他，堵塞、蒙蔽他，扰乱并且使他感到疑惑，这就是人们所说的计谋。

注释

1 **夫仁人轻货，不可诱以利，可使出费：** 费，财也。《吕氏春秋·安死》：“是故先王以俭节葬死也，非爱其费也。”高诱注云：“费，财也。”陶弘景注云：“使轻货者出费，则费可全。”意思是说：仁义的人轻视财货，不能用利益来诱惑他们，可以让他们捐出钱财。

2 **勇士轻难，不可惧以患，可使据危：** 据，安定。陶弘景注云：“使轻难者据危，则危可安。”意思是说：勇敢的人轻视困难，所以不能用忧患来吓唬他们，可以让他们来安定危困的局面。

3 **是因事而裁之：** 裁，裁断，决定。陶弘景注云：“以此三术驭彼三短，可以立事立功也。谋者因事兴虑，宜知而裁之。故曰因事裁之。”意思是说：在游说的时候，要根据实际情况来具体运用不同的计谋。

4 **此其道术行也：** 陶弘景注云：“柔弱胜于刚强，故积弱可以为强大；直若曲，故积曲可以为直；少则可以得众，故积不足可以为有余，然则以弱为强，以曲为直，以不足为有余，斯道术之所行，故曰道术行也。”意思是说：强大都是从弱小逐渐积累而来；正直都是从纠正歪曲积累而来；有余都是从不足积累而来。这就是道术得以施行的原因。

5 **故外亲而内疏者，说内；内亲而外疏者，说外：** 陶弘景注云："外阳相亲而内实疏者，说内以除其内疏也；内实相亲而外阳疏者，说外以除其外疏也。"此句话强调游说要针对对方的缺点，意思是说：所以外表亲近内心疏远的人，要从内心入手进行游说；内心亲近外表疏远的人，要从外在入手进行游说。

6 **故因其疑以变之，因其见以然之，因其说以要之，因其势以成之，因其恶以权之，因其患以斥之：** 要，相约；交往。陶弘景注云："若内外无亲而怀疑者，则因其疑以变化之；彼或因变而有所见，则因其所见以然之。既然见彼或有可否之说，则因其说以要结之；可否既形，便有去就之势，则因其势以成就之。去就既成，或有恶患，则因其恶也，为权量之，因其患也，为斥除之。"意思是说：要根据对方的疑惑来帮他分析，要顺着他的看法来肯定他，要顺着他的说法来与他交往，要根据他的情势让他取得成功，根据他所厌恶的东西来帮他权衡，根据他的忧患来帮他排忧解难。

7 **摩而恐之，高而动之，微而正之，符而应之，拥而塞之，乱而惑之，是谓计谋：** 陶弘景注云："患恶既除，或恃胜而骄者，便切摩以恐惧之，高危以感动之。虽恐动之，尚不知变者，则微有所引，据以证之，为设符验以应之也。虽为设引据符验，尚不知变者，此则惑深不可救也；便拥而塞之，乱而惑之，因抵而得之，如此者，可以为计谋之用也。"意思是说：用"揣摩"的方法来使他恐惧，用抬高对方的方法来使对方有所触动，让他衰败再来纠正他，用外在的表现来回应他，堵塞、蒙蔽他，扰乱并且使他感到疑惑，这就是人们所说的计谋。

原文

计谋之用，公不如私，私不如结，结而无隙者也[1]。正不如奇，奇流

译文

运用计谋，公开不如隐秘，隐秘不如结交密谋，二人结交密谋，就不会使计谋泄露。循常理的计谋不如奇诡的计

而不止者也[2]。故说人主者，必与之言奇；说人臣者，必与之言私[3]。其身内，其言外者疏；其身外，其言深者危[4]。无以人之所不欲而强之于人；无以人之所不知而教之于人[5]。人之有好也，学而顺之；人之有恶也，避而讳之。故阴道而阳取之也[6]。

故去之者从之，从之者乘之[7]。貌者，不美又不恶，故至情托焉[8]。可知者，可用也；不可知者，谋者所不用也[9]。故曰：事贵制人，而不贵见制于人。制人者，握权也；见制于人者，制命也。故圣人之道阴，愚人之道阳[10]。智者事易，而不智者事难。以此观之，亡不可以为存，而危不可以为安。然而无为而贵智矣[11]。

智用于众人之所不

谋，施行奇诡的计谋就像流水一样无法阻止，就会无往而不利。所以要游说君主，就要跟他谈论奇谋；游说大臣，就要和他秘密谈论。关系亲近，但是言谈见外的人，必然会导致关系疏远；关系疏远，但是要和对方深入谈论就会很危险。所以不要把别人不想要的东西强加给别人，不要把别人不想知道的东西教给他。人家有喜欢的东西，就要学着迎合他；人家有厌恶的东西，就要回避并且以之为忌讳。这就是用暗中讨好的办法来获取公开的回报。

对于想要除去的人，就要放纵他，放纵他是为了消灭他。喜欢与厌恶的情绪不会流露在外的人，可以向他寄托实情。对于能够了解的人，可以加以利用；对于不了解的人，有谋略的人也不会去加以利用。所以说行事最重要的是制约他人，而不是被人制约。能够制约别人的人，是由于他掌握了权力；被人制约的人，是由于受命运的限制。所以圣人运用谋略隐蔽，愚蠢的人运用谋略公开。聪明的人做事容易成功，不聪明的人做事难以成功。以此看来，虽然消失的东西不能再使之存在，已有的危险也不能转危为安，但是在这个过程中，无为而作，顺应规律，重视智慧仍是十分必要的。

智慧要用在别人不知道的地方，也要用

能知，而能用于众人之所不能见[12]。既用，见可[2]，择事而为之，所以自为也；见不可，择事而为之，所以为人也。故先王之道阴。言有之曰："天地之化，在高与深，圣人之制道，在隐与匿。"非独忠、信、仁、义也，中正而已矣[13]。道理达于此之义，则可与语[14]。由能得此，则可与谷远近之诱[15]。

在众人看不见的地方。已经使用智慧，如果看到可行，就要选择事情自己去做，这是为了实现自己的目的；看到不可行，就要选择事情让别人去做，这是为了实现别人的目的。所以圣人的治国之道是隐秘的。俗话说："天地的教化是高深莫测的，圣人行事的规律是隐藏不露的。"不仅仅是讲求忠、信、仁、义，还要既中且正。只有通达这些道理的人，才可以与之谈谋略之事。能体悟到这些道理，就能使远近宾服。

注释

1 **计谋之用，公不如私，私不如结，结而无隙者也：**此句强调运用计谋的三个原则，即公、私、结。陶弘景注云："公者扬于王庭，名为聚讼，莫执其咎，其事难成；私者不出门庭，慎密无失，其功可立，故曰公不如私。虽复潜谋，不如与彼要结。二人同心，物莫之间，欲求其隙，其可得乎？"意思是说：运用计谋，公开不如隐秘，隐秘不如结交密谋，二人结交密谋，就不会使计谋泄露。

2 **正不如奇，奇流而不止者也：**正，指的是循常理的计谋。陶弘景注云："正者循理守常，难以速进；奇者反经合义，因事机发。故正不如奇，奇计一行，则流通而不知止。故曰奇流而不止也。"意思是说：循常理的计谋不如奇诡的计谋，施行奇诡的计谋就像流水一样无法阻止，就会无往而不利。

3 **故说人主者，必与之言奇；说人臣者，必与之言私：**陶弘景注云："与人主言奇，则非常之功可立；与人臣言私，则保身之道可全。"意思是说：要游说君主，就要跟他谈论奇谋；游说大臣，就要和他秘密谈论。

4 **其身内，其言外者疏；其身外，其言深者危：**陶弘景注云："身在内而言外泄者，必见疏也；身居外而言深切者，必见危也。”意思是说：关系亲近，但是言谈见外的人，必然会导致关系疏远；关系疏远，但是要和对方深入谈论就会很危险。

5 **无以人之所不欲而强之于人；无以人之所不知而教之于人：** 陶弘景注云：“谓其事虽近，彼所不欲，莫强与之，将生恨怒也；教人当以所知，今反以人所不知者教之，犹以暗除暗，岂为益哉。”意思是说：不能以对方不想要的事情强加于人；对方不想知道的东西，也不要好为人师地教给他。

6 **人之有好也，学而顺之；人之有恶也，避而讳之。故阴道而阳取之也：** 陶弘景注云：“学顺人之所好，避讳人之所恶，但阴自为之，非彼所逆，彼必感悦，明言以报之。故曰阴道而阳取之也。”意思是说：人家有喜欢的东西，就要学着迎合他；人家有厌恶的东西，就要回避并且以之为忌讳。这就是用暗中讨好的办法来获取公开的回报。

7 **故去之者从之，从之者乘之：** 从，通“纵”，放纵。乘，战胜；消灭。陶弘景注云：“将欲去之，必先听从，令极其过恶，过恶既极，便可以法乘之，故曰从之者乘之也。”意思是说：对于想要除去的人，就要放纵他作恶，当恶行达到一定程度时，就要除去他。

8 **貌者，不美又不恶，故至情托焉：** 陶弘景注云：“貌者，谓察人之貌，以知其情也。谓其人中和平淡，见善不美，见恶不非，如此者，可以至情托之，故曰：至情托焉。”意思是说：喜欢、厌恶的情绪不会表现在外的人，可以向他寄托实情。

9 **可知者，可用也；不可知者，谋者所不用也：** 知，了解。陶弘景注云：“谓彼情宽，密可令知者，可为用谋。故曰可知者，可用也。其人不宽，密不可令知者，谋者不为用谋也。”意思是说：对于能够了解的人，可以加以利用；对于不了解的人，有谋略的人也不会去加以利用。

10 **故圣人之道阴，愚人之道阳：** 陶弘景注云：“圣人之道，内阳而外阴；愚人之道，内阴而外阳。”意思是说：圣人运用谋略隐蔽，愚蠢的人运用谋略公开。

11 **智者事易，而不智者事难。以此观之，亡不可以为存，而危不可以为**

安。然而无为而贵智矣：陶弘景注云："智者宽恕，故易事；愚者猜忌，故难事。然而不智者，必有危亡之祸。以其难事，故贤者莫得申其计画，则亡者遂亡，危者遂危。欲求安存，不亦难乎。今欲存其亡，安其危，则他莫能为，惟智者可矣。故曰无为而贵智矣。"意思是说：聪明的人做事容易成功，不聪明的人做事难以成功。以此看来，虽然消失的东西不能再使之存在，已有的危险也不能转危为安，但是在这个过程中，无为而作，顺应规律，重视智慧仍是十分必要的。

12 **智用于众人之所不能知，而能用于众人之所不能见**：陶弘景注云："众人所不能知，众人所不能见，智独能用之，所以贵于智也。"意思是说：智慧要用在别人不知道的地方，也要用在众人看不见的地方。

13 **非独忠、信、仁、义也，中正而已矣**：陶弘景注云："言先王之道贵于阴。密寻古遗言，证有此理……所隐者中正，自然合道，非专在忠、信、仁、义也，故曰：非独忠、信、仁、义也。"意思是说：行事不仅仅是讲求忠、信、仁、义，还要既中且正。

14 **道理达于此之义，则可与语**：陶弘景注云："言谋者晓达道理，能于此义，达畅则可与语，至而言极也。"意思是说：只有通达这些道理（中正之理）的人，才可以与之谈谋略之事。

15 **由能得此，则可与谷远近之诱**：陶弘景注云："谷，养也。若能得此道之义，则可居大宝之位，养远近之人，诱于仁寿之域也。"意思是说：能体悟到这些道理（上文所述之理），就能使远近宾服。

校勘

[1] 偏成，嘉庆刊本原作"偏害"。清代学者俞樾《诸子平议补录》："偏害"当作"偏成"。下文云："同恶而相亲者，其俱害者也；同恶而相疏者，偏害者也。"彼上言"俱害"，故下言"偏害"；然则此上言"俱成"，下宜言"偏成"矣。今作"偏害"，即涉下文而误。今从俞说改。

[2] 见可，嘉庆刊本原作"见可否"，俞樾《诸子平议补录》：此以"见可""见不可"相对为文，不当云"见可否"也，"否"衍字也。

决

导读

决，就是决断的意思。本篇是论述决断的专篇，主要阐述了决断的起因、如何做到善于决断、决断的方式以及何种情况下要做出决断。具体论述如下：

第一部分讲决断的起因。文中指出决断的起因是产生疑问和疑惑。即文中所谓“凡决物，必托于疑者”。

第二部分讲述了如何做到善于决断。文中指出：“善至于诱也，终无惑偏”，意思是说要做到善于决断，就要善于引诱他人说出实情。

第三部分讲述了决断的方式，以及何种情况下要做出决断。关于决断的方式，文中指出了“阳德”“阴贼”“信诚”“蔽匿”“平素”五种方式。“阳德”即采取正大光明的方式进行决断；“阴贼”指采取暗中伤害的手段进行处理和决断；“信诚”是采用诚信结交的方式进行决断；“蔽匿”即采取隐藏不露的方式进行决断；“平素”是指采取平实素朴的方式进行决断。

文中最后指出善于决断是处理一切事情的基础，关系到国家的治乱兴衰，是非常难以做到的。即文中所谓“故夫决情定疑，万事之基，以正乱治，决成败，难为者”。

原文

凡决物，必托于疑者，善其用福，恶其有

译文

凡是决断事情，一定要依托于可疑之处，善于决断就会得到福气，不擅长决断就患[1]。善至于诱也，终无惑偏[2]。有利焉，去其利则不受也，奇之所托[3]。若有利于善者，隐托于恶，则不受矣，致疏远[4]。故其有使失利者，有使离害者，此事之失[5]。

会遇到灾祸。非常善于决断的人，一定能够引诱对方说出实情，不会让人陷入疑惑而有所偏颇。遇到有利的事情，离开而不加接受，这是运用奇策的基础。如果表面有利于决断，但是暗中却是做恶事，也不要接受，因为那样会使关系疏远。所以有的决策会使人失去利益，有的决策会使人遭遇灾难，这都是做事失误的缘故。

注释

1 **凡决物，必托于疑者，善其用福，恶其有患：**此句交代了“决”的起因及其重要性。陶弘景注云：“有疑然后决，故曰必托于疑者。凡人之情，用福则善，有患则恶。福患之理未明，疑之所由生。故曰善其用福，恶其有患。”意思是说：凡是决断事情，一定要依托于可疑之处，善于决断就会得到福气，不擅长决断就会遇到灾祸。

2 **善至于诱也，终无惑偏：**陶弘景注云：“然善于决疑者，必诱得其情，乃能断其可否也。怀疑曰惑，不正曰偏，决者能无惑偏，行者乃有通济，然后福利生焉。”意思是说：非常善于决断的人，一定能够引诱对方说出实情，不会让人陷入疑惑而有所偏颇。

3 **有利焉，去其利则不受也，奇之所托：**陶弘景注云：“若乃去其福利，则疑者不更其决，更使托意于奇也。趋异变常曰奇。”意思是说：遇到有利的事情，离开而不加接受，这是运用奇策的基础。

4 **若有利于善者，隐托于恶，则不受矣，致疏远：**陶弘景注云：“谓疑者本其利，善而决者隐其利；善之情反托之于恶，则不受其决，更致疏远矣。”意思是说：如果表面有利于决断，但是暗中却是做恶事，也不要接受，因为那样会使关系疏远。

5 **故其有使失利者，有使离害者，此事之失：**离，通“罹”，遭遇；遭受。陶弘景注云：“言上之二者，或去利托于恶，疑者既不更其决，则所行罔能通济，故有失利，罹害之败焉。凡此，皆决事之失也。”意思是说：所以有的决策会使人失去利益，有的决策使人遭遇灾难，这都是做事决断失误的缘故。

原文

圣人所以能成其事者，有五：有以阳德之者，有以阴贼之者，有以信诚之者，有以蔽匿之者，有以平素之者[1]。阳励于一言，阴励于二言，平素、枢机以用。四者，微而施之[2]。于是度之往事，验之来事，参之平素，可则决之[3]。王公大人之事也，危而美名者，可则决之[4]；不用费力而易成者，可则决之[5]；用力犯勤苦，然不得已而为之者，可则决之[6]；去患者，可则决之；从福者，可则决之[7]。

故夫决情定疑，万事之基，以正乱治，决成败，难为者。故先王乃用蓍龟者，以自决也[8]。

译文

圣人之所以能够成就事业，主要有五种方法：有用公开感化的方式进行决断，有以暗地伤害的方式进行决断，有的用信义诚信的方式进行决断，有的用隐藏不露的方式进行决断，有的以平实素朴的方式进行决断。公开施行德化，因此须言辞如一；暗地里隐匿伤害，所以言辞须疑惑难明，再配合以常规的、机动的手段，这四者都要微妙地结合并加以施行。因此要考量过往之事，以未来之事作为验证，再参照平时的情况，只要可行便做出决断；王公大臣的事能提高并宣扬名声，可以做出决断；不用花费力气容易做成的事，可以进行决断；用力劳苦，但却不得不做的事，可以进行决断；能够消除灾祸的事，可以进行决断；能带来福佑的事，可以进行决断。

所以说决断事情、解决疑惑是万事的关键，用来纠正祸乱，以此来决定成功与失败，是非常难做的事。所以先王要用蓍草和灵龟进行占卜，来帮助自己进行决断。

注释

1 **有以阳德之者，有以阴贼之者，有以信诚之者，有以蔽匿之者，有以平素之者：** 阳德，公开地施加恩德。贼，害，伤害。陶弘景注云："圣人善变通，穷物理，凡所决事，期于必成。事成理著者，以阳德决之；情隐言伪者，以阴贼决之；道诚志直者，以信诚决之；奸小祸微者，以蔽匿决之；循常守故者，以平素决之。"此处论述决策的五种方式。意思是说：有的用公开感化的方式进行决断，有的以暗地伤害的方式进行决断，有的用信义诚信的方式进行决断，有的用隐藏不露的方式进行决断，有的以平实素朴的方式进行决断。

2 **阳励于一言，阴励于二言，平素、枢机以用。四者，微而施之：** 一言，言辞如一。二言，疑惑难明的言辞。陶弘景注云："励，勉也。阳为君道，故所言必励于一。一，无为也。阴为臣道，故所言必励于二。二，有为也。君道无为，故以平素为主；臣道有为，故以枢机为用。言一也、二也、平素也、枢机也，四者其所施为，必精微而契妙，然后事行而理不壅矣。"意思是说：公开施行德化，因此言辞须专诚无二；暗地里隐匿伤害，所以言辞须疑惑难明，再配合以常规的、机动的手段，这四者都要微妙地结合并加以施行。

3 **于是度之往事，验之来事，参之平素，可则决之：** 陶弘景注云："君臣既有定分，然后度往验来，参以平素，计其是非，于理既可，则为决之。"意思是说：因此要考量过往之事，以未来之事作为验证，再参照平时的情况，只要可行便做出决断。

4 **王公大人之事也，危而美名者，可则决之：** 危，高。陶弘景注云："危，犹高也。事高而名美者，则为决之。"意思是说：王公大臣的事能提高并宣扬名声，可以做出决断。

5 **不用费力而易成者，可则决之：** 陶弘景注云："所谓惠而不费，故为决之。"意思是说：不用花费力气容易做成的事，可以进行决断。

6 **用力犯勤苦，然不得已而为之者，可则决之：** 陶弘景注云："所谓知之，无可奈何，安之若命，故为决之。"意思是说：用力劳苦，但却不得不做的事，可以进行决断。

7 **去患者，可则决之；从福者，可则决之：** 陶弘景注云："去患、从福之人，理之大顺，故为决之。"意思是说：能够消除灾祸的事，可以进行决断；能带来福佑的事，可以进行决断。

8 **故先王乃用蓍龟者，以自决也：** 蓍（shī），蓍草。古人以蓍草的茎和龟甲占卜吉凶，因此一般用"蓍龟"代指占卜。陶弘景注云："夫以先王之圣智，无所不通，犹用蓍龟以自决，况自斯以下而可以专己自信，不博谋于通识者哉？"意思是说：先王要用蓍草和灵龟进行占卜，来帮助自己进行决断。

符　言

导读

符，即是内符，也就是内在实情的外在表现。所谓“符言”就是“内符之言”。本篇从结构上看分为“主位”“主明”“主德”“主赏”“主问”“主因”“主周”“主恭”“主名”九个部分。

本篇与《管子·九守》篇的言辞大致相同，意思相近，只有文中的“主德”，《九守》作“主听”，“主恭”作“主参”。从全文的文义来看，《九守》的这两处似较本篇更为符合。此外本篇第一部分“主位”的相关论述与《长沙马王堆帛书》中的相关记载近似，也能用来校勘本篇文句。

此篇中的九种权术贯穿着一个主导思想，即君主如何驾驭臣下。从这个层面来看，本篇实际上是君主的驭臣之术，反映了战国时期君主权力逐渐加强的现实。

关于本篇与《九守》篇的关系：有学者认为本篇乃是抄袭《九守》而来，也有学者认为本篇与《九守》都是因袭太公兵谋遗说而来，换言之，认为两者有共同的文本来源。从两文本可以互相校勘，文义大致相同来看，应当以两者有共同文本来源的说法更为可信。或者我们可以说此篇是在战国时期广泛流传的论述君臣关系的文献。

原文

安徐正静，其被节先肉[1]。善与而不静[2]，虚心平意以待

译文

身居高位的人应当安静、从容、正直、平和，以和柔作为准则，先使自己镇静然后再使他人镇静。乐于给予他人，却不与他人相争，

倾损[3]。右主位[4]。

目贵明，耳贵聪，心贵智[5]。以天下之目视者，则无不见；以天下之耳听者，则无不闻；以天下之心思虑者，则无不知[6]。辐辏并进，则明不可塞[7]。右主明。

德之术[8]曰："勿坚而拒之[9]。"许之则防守，拒之则闭塞[10]。高山仰之可极，深渊度之可测；神明之位德术正静，其莫之极。右主德。

谦和平静地防备伤害。以上说的是在位的人应当具备的修养。

眼睛贵在能明察，耳朵贵在听觉灵敏，心贵在有智慧。用天下人的眼睛去看东西，没有什么是看不到的；用天下人的耳朵去听，没有什么是听不到的；用天下人的智慧去思考，没有什么是不知道的。聚集天下人做事，就能够明察一切，没有闭塞，无往而不利。以上说的是明察。

听取别人意见的方法是："不要轻易拒绝别人的意见，也不要轻易答应。"如果轻易答应别人的意见就会失去防守，如果轻易拒绝别人的意见就会使自己闭塞。高山再高，也能仰望到峰顶。深潭再深，也可以测量它的深度。神明听取的方法正直平静，高深莫测。以上讲的是善听。

注释

1 **安徐正静，其被节先肉：** 其被节先肉，《管子·九守》作"柔节先定"；长沙马王堆汉墓帛书也有相关记载，亦作"柔节先定"。李学勤先生《〈鬼谷子·符言篇〉研究》一文中指出：汉代的"肉"多写作"宍"，与"定"字相近，因此此处应当作"先定"。此外还指出：秦汉的"皮"写法与"柔"相近，因此"被"为"柔"的错字。综上所述此句当作"其柔节先定"。陶弘景注云："被，及也；肉，肥也，谓饶裕也。言人若居位能安徐正静，则所及之节度无不饶裕也。"陶注据讹本言，不得文义。此句意思当是：身居高位的人应当安静、从容、正直、平和，以和柔作为准则，先使自己镇静，然后再使他人镇静。

2 **善与而不静：**静，唐兰先生指出："静"是"争"的错字。意思是说：乐于给予他人，却不与他人相争。

3 **虚心平意以待倾损：**此句，《管子·九守》作"虚心平意以待须"；清代学者俞樾认为《九守》中的"须"应当作"倾"。李学勤先生认为"损"是衍文。因此此句当作"虚心平意以待倾"。待，防备；防御。陶弘景注云："言人君善与事接而不安静者，但虚心平意以待之，倾损之期必至矣。"意思是说：谦和平静地防备伤害。

4 **右主位：**汉代以前的书籍书写在竹简上，各节之后另附一支竹简，书写标题，而节的本文在标题之右，因此严格说来，本篇中的"右某某"，只有后面的"某某"是标题。陶弘景注云："主于位者，安徐正静而已。"

5 **目贵明，耳贵聪，心贵智：**陶弘景注云："目明则视无不见，耳聪则听无不闻，心智则思无不通。是三者无壅，则何措而非当也。"意思是说：眼睛贵在能明察，耳朵贵在听觉灵敏，心贵在有智慧。

6 **以天下之目视者，则无不见；以天下之耳听者，则无不闻；以天下之心思虑者，则无不知：**陶弘景注云："昔在帝尧，聪明文思光宅天下，盖用此道也。"意思是说：作为明君，要用天下人的眼睛去看东西，这样就没有什么是看不到的；要用天下人的耳朵去听，这样就没有什么是听不到的；要用天下人的智慧去思考，这样就没有什么是不知道的。

7 **辐辏并进，则明不可塞：**辐，车轮中连接轴心和轮圈的直木条。辏（còu），车轮之辐条集中于轴心。辐辏，比喻集中、聚集。陶弘景注云："夫圣人不自用其聪明思虑而任之天下，故明者为之视，聪者为之听，智者为之谋。若云从龙，风从虎，沛然而莫之能御。辐辏并进，则亦宜乎。若日月之照临，其可塞哉？故曰明不可塞也。"意思是说：聚集天下人做事，就能够明察一切，没有闭塞，无往而不利。

8 **德之术：**德，《九守》作"听（聽）"，从文义来看，"德"应当是"听（聽）"的错字。这里是讲以下是听取意见的方法。

9 **坚：**清代学者俞樾《诸子平议补录》认为"坚（堅）"当是"望"的错字。《九守》中对应的句子作"勿望而拒，勿望而许"可证实俞樾的说法。

10 **许之则防守，拒之则闭塞：**许之则防守，《九守》作“许之则失守”，从文义上来看应当《九守》的记载正确。陶弘景注云：“言许而容之，众必归而防守；拒而逆之，众必违而闭塞。归而防守，则危可安，违而闭塞，则通更壅。夫崇德者，安可以不宏纳哉？”陶注据讹本言，不足据，联系上下文义，此句意思为：如果轻易答应别人的意见就会失去防守，如果轻易拒绝别人的意见就会使自己闭塞。

原文

用赏贵信，用刑贵正[1]。赏赐贵信，必验耳目之所闻见，其所不闻见者，莫不暗化矣[2]。诚畅于天下神明，而况奸者干君[3]。右主赏。

一曰天之，二曰地之，三曰人之[4]。四方上下，左右前后，荧惑之处安在[5]。右主问。

心为九窍之治，君为五官之长[6]。为善者，君与之赏；为非者，君与之罚[7]。君因其政之所以求，因与之，则不劳[8]。圣人用之，故能赏之。因之循理，固能久长[9]。右主因。

译文

进行赏赐最重要的是信守承诺，进行刑罚最重要的是公正。赏赐贵在信守承诺，一定要亲耳听到、亲眼看到，那些没有亲耳听到、亲眼看到的东西也会暗中转化。若能诚信则能顺畅通达神明，更何况那些奸诈的敢于冒犯君主的人呢。以上讲的是赏罚。

征询意见，既要考虑天时、地利，也要考虑听取人们的意见。广泛征求四方、上下，及身边人的意见，就不会被迷惑。以上说的是询问。

心是九窍的主宰，君主是百官的首长。做好事，君主就会进行赏赐；做错事，君主就会进行处罚。君主能根据大臣需要的东西，然后给予赏罚，那么君主就不会辛劳。圣人能够运用这个道理，所以能够进行赏罚，再根据赏罚的原则，所以才能长久。以上说的是治国的根据。

注释

1 **用赏贵信，用刑贵正：**陶弘景注云："赏信，则立功之士致命捐生；刑正，则更戮之人没齿无怨。"这里强调君主如何进行赏罚。意思是说：进行赏赐最重要的是信守承诺，进行刑罚最重要的是公正。

2 **赏赐贵信，必验耳目之所闻见，其所不闻见者，莫不暗化矣：**陶弘景注云："言施恩行赏，耳目所闻见，则能验察不谬，动必当动，如此则信在言前，虽不闻见者，莫不暗化也。"意思是说：赏赐贵在信守承诺，一定要自己亲耳听到、亲眼看到，那些没有自己亲耳听到、亲眼看到的东西也会暗中转化。

3 **诚畅于天下神明，而况奸者干君：**干君，冒犯君主。陶弘景注云："言每赏必信，则至诚畅于天下，神明保之如赤子，天禄不倾如泰山，又况不逞之徒，而欲奋其奸谋，干于君位者哉。此犹腐肉之齿，利剑锋接，必无事矣。"意思是说：如果君主能够诚信则能顺畅通达神明，更何况那些奸诈的敢于冒犯君主的人呢。

4 **一曰天之，二曰地之，三曰人之：**陶弘景注云："天有逆顺之纪，地有孤虚之位，人有通塞之分。有天下者，宜皆知之。"陶注不确，此句意思当为：征询意见，既要考虑天时、地利，也要考虑听取人们的意见。

5 **四方上下，左右前后，荧惑之处安在：**荧惑，清代学者王念孙认为此处"荧惑"并非古代天文学上的火星，而应当为"眩惑"，也就是"疑惑"的意思。陶弘景注云："夫四方上下、左右前后，有阴阳向背之宜。有国从事者，不可不知。又荧惑，天之法星，所居灾眚吉凶尤著。故曰虽有明天子，必察荧惑之所在，故亦须知之。"陶注以荧惑为火星，不得文义，此句意思当为：广泛征求四方、上下，及身边人的意见，就不会被迷惑。

6 **心为九窍之治，君为五官之长：**九窍，双耳、双目、双鼻、口、尿道、肛门。陶弘景注云："九窍运，为心之所使；五官动作，君之所命。"此处以心控制九窍，来比喻君主控制百官。

7 **为善者，君与之赏；为非者，君与之罚：**陶弘景注云："赏善罚非，为政之大经也。"意思是说：做好事，君主就会进行赏赐；做错事，君主就会进行处罚。

8 **君因其政之所以求，因与之，则不劳：**因，根据。陶弘景注云："与者，应彼所求；求者，得应而悦。应求则取施不妄，得应则行之无怠，循性而动，何劳之有。"意思是说：君主能根据大臣需要的东西，然后给予赏罚，那么君主就不会辛劳。

9 **因之循理，固能久长：**陶弘景注云："因求而与，悦莫大焉，虽无玉帛劝同赏矣。然因逆理，祸莫速焉。因之循理，故能长久。"意思是说：顺着赏罚的原则行事，就能达到长治久安。

原文

人主不可不周。人主不周，则群臣生乱[1]。家于其无常也，内外不通，安知所开[2]。开闭不善，不见原也[3]。右主周。

一曰长目，二曰飞耳，三曰树明[4]。明知千里之外，隐微之中，是谓洞。天下奸莫不暗变更[5]。右主恭[6]。

循名而为，实安而完[7]。名实相生，反相为情[8]。故曰：名当则生于实，实生于理，理生于名实之德，德生于和，和生于当[9]。右

译文

君主行事不能不周全。君主行事不周全，群臣之间就会产生祸乱。朝廷不正常，朝廷内外不通达顺畅，怎么能广开言路呢？如果言路的开闭不顺畅，就不能推求事物的本原。以上说的是做事周全。

能用天下人的眼睛去看东西，就叫长目；能用天下人的耳朵去听，就叫飞耳；能用天下人的智慧思考问题，就叫树明。能够清楚地看到千里之外，隐秘起来的事，这就叫作洞察。这样的话天下的奸诈都会暗中转化。以上讲的是参用众言。

按照名分去行事，就会既安全又完备。名与实相互依存，相互对立，这样就构成了事实。所以说：名分产生于实情之中，实情产生于道理之中，道理产生于名与实相结合的德之中，名实之德产生于名与实之间的相互符合，那么这种结合产生在恰如其

主名。

分之中。以上说的是名分。

注释

1 **人主不可不周。人主不周，则群臣生乱：**陶弘景注云："周谓遍知物理，于理不周，故群臣乱也。"这里强调君主做事要周全，要考虑各方利益，如不然，群臣就会生乱。

2 **家于其无常也，内外不通，安知所开：**陶弘景注云："家犹业也，群臣既乱，故所业者无常，而内外闭塞；触途多碍，何如知所开乎？"意思是说：朝廷不正常，朝廷内外不通达顺畅，怎么能广开言路呢？

3 **开闭不善，不见原也：**陶弘景注云："开闭即捭阖也，既不用捭阖之理，故不见为善之源也。"陶弘景以"捭阖"说之，不确，此句意思当是：如果言路的开闭不顺畅，就不能推求事物的本原。

4 **一曰长目，二曰飞耳，三曰树明：**陶弘景注云："用天下之目视，故曰长目；用天下之耳听，故曰飞耳。用天下之心虑，故曰树明。"意思是说：能用天下人的眼睛去看东西，就叫长目；能用天下人的耳朵去听，就叫飞耳；用天下人的智慧思考问题，就叫树明。

5 **明知千里之外，隐微之中，是谓洞。天下奸莫不暗变更：**陶弘景注云："言用天下之心虑，则无不知。故千里之外，隐微之中，莫不玄览。既察隐微，故为奸之徒，绝邪于心胸。故曰莫不暗变更改也。"意思是说：能够清楚地看到千里之外，隐秘起来的事，这就叫作洞察。这样的话天下的奸诈都会暗中转化。

6 **右主恭：**《九守》作"主参"，从文义来看，当作"主参"，陶弘景注云："主于恭者，在于聪明文思"，陶注据讹本言，不确。此句意思是参照吸取众人的言论，以众人为自己的耳目。

7 **循名而为，实安而完：**陶弘景注云："实既副名，所以安全。"意思是说：按照名分去行事，就会既安全又完备。

8 **名实相生，反相为情：**陶弘景注云："循名而为实，因实而生名。名实不亏则情在其中矣。"意思是说：名与实相互依存，相互对立，这样就构成了事实。

9 **名当则生于实，实生于理，理生于名实之德，德生于和，和生于当：**陶弘景注云："名当自生于实，实立自生于理。又曰：无理不当，则名实之德自生也。又曰：有德必和，能和自当。"意思是说：名分产生于实情之中，实情产生于道理之中，道理产生于名与实相结合的德之中，名实之德产生于名与实之间的相互符合，那么这种结合产生在恰如其分之中。

转丸　胠乱

一般认为此两篇已经亡佚，其性质不容易推知，只能从残存下来的陶弘景的注中略作推测。陶弘景注曰：

或有取庄周《胠箧》而充次第者，按鬼谷之书，崇尚计谋，祖述圣智，而庄周《胠箧》乃以圣人为大盗之资，圣法为桀跖之失；乱天下者，圣人之由也。盖欲纵圣弃智，驱一代于混茫之中，殊非此书之意，盖无取焉。或曰："转丸""胠箧"者，"本经""中经"是也。

从陶弘景的注文中，我们不难看出，曾有人拿《庄子·胠箧》来充《鬼谷子》之篇数。从唐代学者赵蕤《长短经·反经》所引《鬼谷子》的文句来看，即与《庄子·胠箧》的文句相近，可见至少在唐以前就有人拿《胠箧》篇的东西来弥补《鬼谷子》之阙文了。其实庄周的思想与鬼谷子的思想有极大的差异，这种用《庄子·胠箧》来当作《鬼谷子·胠乱》的做法是不可靠的。

此外仍有人认为两篇并未亡佚，《鬼谷子》下卷之《本经阴符》《中经》两篇便是《转丸》《胠乱》两篇的内容，但是这种说法与《鬼谷子》本身的分篇是不匹配的，也没有什么论据，是非常牵强的。

综上所述，两篇确已亡佚。

鬼谷子

卷下

本经阴符七术

导读

“本”是根本的意思。本经主要是讨论纵横家的精神修养。古代流行的讲究权谋的书，一般冠以“阴符”之名，如《太公阴符》，此处“阴符”强调谋略的变化。“七术”是指精神修养的七种方法。

本篇讲述的纵横家精神修养的七种方法分别是：盛神法五龙、养志法灵龟、实意法螣蛇、分威法伏熊、散势法鸷鸟、转圆法猛兽、损兑法灵蓍。《盛神》是教人们如何去涵养内在的精神，使之充实，其目的是要人成为“内修炼而知之”的圣人，并由圣人进而成为“同天而合道”的真人；《养志》旨在教人如何去欲存志，并进而由养志而使五气通畅；《实意》指出“实意”就是充实自己的意念，那么要充实自己的意念必须从“心”和“虑”做起；《分威》指出“分威”就是分散对方的威势，文中指出“分威”首先在于“先养志伏意”，然后再“视间”而动；《散势》是教人如何散发自己的气势以折服人，其做法与“分威”之道相同，即待间而动；《转圆》是讲筹谋计划要面面俱到，然后才能产生无穷的计谋；《损兑》教人如何通过增益修饰言辞来使对方愉悦，并采取进一步行动。

这七术当中，前面的《盛神》《养志》《实意》三篇，旨在说明如何充实意志，涵养精神。后半部分的《分威》《散势》《转圆》《损兑》诸篇旨在说明如何将内在的精神运用于外，如何以内在的心神去处理外在的事物。本篇所讲“七术”共分成两个不同的层次：一是属于内在修炼，一是属于外在的运用。从内容上来看，这七部分既彼此独立，又相互关联，形成一个有机的整体。

在本篇所述的七术中，有许多篇章带有浓厚的道教色彩，甚至佛教的色彩，因而此七篇当不是先秦时期的作品。

盛神法五龙　　使精神旺盛，就要效法五行之龙

原文

盛神中有五气，神为之长，心为之舍，德为之大，养神之所，归诸道[1]。道者，天地之始，一其纪也，物之所造，天之所生，包宏无形，化气，先天地而成，莫见其形，莫知其名，谓之神灵[2]。

故道者，神明之源。一其化端，是以德养五气，心得其一，乃有其术[3]。术者，心气之道所由舍者，神乃为之使。九窍十二舍者，气之门户，心之总摄也。生受于天，谓之真人，真人者与天为一[4]。

译文

精神中有五脏之气，神是五脏之气的主宰，心是五脏之气的居所，德能够使五脏之气变得充足。保养精神的最终归宿是"道"。"道"是天地的开始。"一"是"道"的开始，是万物的创造者，是天的化育者。"一"包罗万象却没有形状，转化为"气"，在天地之前产生，不能看见它的形状，人不能知道它的名字，被称为"神灵"。

"道"是神明的源泉。"一"是万物变化的开端，因此能够保养五气，心也能够得"一"，这就产生了"术"。"术"是心气之道所居住的地方，神也被"心"支配。人体的"九窍""十二舍"是"五气"出入的门户，"九窍""十二舍"要由心来统摄。本性来自于天的人，被称作真人，真人是与天合为一体的人。

注释

1 **盛神中有五气，神为之长，心为之舍，德为之大，养神之所，归诸道：** 五气，心、肝、脾、肺、肾等五脏之气，表现为精、神、魂、魄、志。陶弘景注云："五气，五藏之气也。谓精、神、魂、魄、志也。神居四者之中，故为之长；心能含容，故为之舍；德能制御，故为之大。然则养神之所宜，归之于道也。"意思是说：精神中有五脏之气，神是五脏之气的主宰，心是五脏之气的居所，德能够使五脏之气变得充足。保养精神的最终归宿是"道"。

2 **道者，天地之始，一其纪也，物之所造，天之所生，包宏无形，化气，先天地而成，莫见其形，莫知其名，谓之神灵：** 陶弘景注云："无名，天地之始，故曰：道者天地之始也。道始所生者一，故曰一其纪也。言天道混成，阴阳陶铸，万物以之造化，天地以之生成，包容宏厚，莫见其形，至于化育之气，乃先天地而成，不可以状貌诘，不可以名字寻，妙万物而为言，是以谓之神灵也。"意思是说："道"是天地的开始。"一"是"道"的开始，是万物的创造者，是天的化育者。"一"包罗万象却没有形状，转化为"气"，在天地之前产生，人不能看见它的形状，不能知道它的名字，被称为"神灵"。

3 **故道者，神明之源。一其化端，是以德养五气，心得其一，乃有其术：** 德，通"得"，得以；能够。陶弘景注云："神明禀道而生，故曰道者神明之源也。化端不一，则有时不化，故曰一其化端也。循理有成，谓之德五气，各能循理，则成功可致，故曰德养五气也。一者，无为而自然者也。心能无为，其术自生。故曰心能得一，乃有其术也。"此句话意思是说："道"是神明的源泉，"一"是万物变化的开端，因此能够保养五气，心也能够得"一"，这就产生了"术"。

4 **九窍十二舍者，气之门户，心之总摄也。生受于天，谓之真人，真人者与天为一：** 真人，道家称存养本性或修真得道的人。陶弘景注云："十二舍者，谓目见色、耳闻声、鼻臭香、口知味、身觉触、意思事、根境互相停舍。舍有十二，故曰十二舍也。气候由之出入，故曰气之门户也。唯心之所操舍，故曰心之总摄也。凡此皆受之于天，不亏其素，故曰真人。真人者，体同于天。故曰与天为一也。”意思是说：人体的“九窍”“十二舍”是“五气”出入的门户，“九窍”“十二舍”要由心来统摄。本性来自于天的人，被称作真人，真人是与天合为一体的人。

原文

内修炼而知之，谓之圣人。圣人者，以类知之[1]。故人与生一[1]，出于物化[2]。知类在窍，有所疑惑，通于心术，心无其术，必有不通[3]。其通也，五气得养，务在舍神，此谓之化[4]。化有五气者，志也、思也、神也、德也，神其一长也。

静和者养气，气得其和，四者不衰，四边威势，无不为存而舍之，是谓神化[5]。归于身，谓之真人。真人者，同天而合道，执一而养产万类，怀天心，施德养，无为以包志虑思意，而行威势者也。士者通达之。神盛乃能养志[6]。

译文

通过内心的修炼知道这个道理的，被称作“圣人”。所谓圣人，就是能够通过识别事物的类别来知晓万物。所以人出生时本性是一样的，随着后天经历的变化就会发生变化。要识别事物的类别，就要学会利用“窍”，解决疑惑需要通过心术，如果心没有“术”，一定会出现不顺畅的地方。要想使内心通畅，就要保养五气，务必要使神停留，这就被称作“化”。五气的变化会在意志、思想、精神、品德等方面产生效果，其中精神是最主要的方面。

安静平和就能保养五气，五气也就能因此通畅和顺，这四个方面也就不会衰竭，四者旺盛便导致威势散发，威势散发便能无所不为。如能将此威势存于内心，这就是所谓的“神化”。把这个道理运用到自身的，就是“真人”。“真人”能够顺应天，符合“道”，能奉行“一”来护养万物，怀有天道之心，施行恩德来滋养万物，用无为的法则包容意志和思想，其行为也能产生影响。作为士人要通达这个道理，就能使精神旺盛，从而培养意志。

注释

1 **内修炼而知之，谓之圣人。圣人者，以类知之：** 以类知之，根据同类事物的品性来推理认识万事万物。陶弘景注云："内修炼，谓假学而知者也。然圣人虽圣，犹假学而知；假学即非自然，故曰以类知之也。"意思是说：通过内心的修炼知道这个道理的，被称作"圣人"。所谓圣人，就是能够通过识别事物的类别来知道万物。

2 **故人与生一，出于物化：** 人与生一，有的版本里作"人与一生"，从上下文义来看，当作"人与生一"，意思是说："人出生时本性都是一样的"。陶弘景注云："言人相与生在天地之间，得其一耳。但既出之后，随物而化，故有不同也。"意思是说：所以人出生时本性是一样的，随着外物的变化就会发生变化。

3 **知类在窍，有所疑惑，通于心术，心无其术，必有不通：** 陶弘景注云："窍，谓孔窍也。言知事类在于九窍，然九窍之所疑，必与术相通。若乃心无其术，术必不通也。"意思是说：要识别事物的类别，要学会利用"窍"，解决疑惑需要通过心术，如果心没有"术"，一定会出现不顺畅的地方。

4 **其通也，五气得养，务在舍神，此谓之化：** 陶弘景注云："心术能通，五气自养。然养五气者，务令神来归舍，神既来舍，自然随理而化也。"意思是说：要想使内心通畅，就要保养五气，务必要使神停留，这就被称作"化"。

5 **静和者养气，气得其和，四者不衰，四边威势，无不为存而舍之，是谓神化：** 陶弘景注云："神既一长故能静和而养气，气既养，德必和焉。四者谓志、思、神、德也。是四者能不衰，则四边威势，无有不为常存而舍之，则神道变化，自归于身。"意思是说：安静平和就能保养五气，五气也就能因此通畅和顺，这四个方面也就不会衰竭，四者旺盛便导致威势散发，威势散发便能无所不为。如能将此威势存于内心，这就是所谓的"神化"。

6 **真人者，同天而合道，执一而养产万类，怀天心，施德养，无为以包志虑思意，而行威势者也。士者通达之。神盛乃能养志：** 陶弘景注云：

"一者，无为也。言真人养产万类，怀抱天心，施德养育，皆以无为为之。故曰执一而养产万类。至于志意思虑运行，威势莫非自然循理而动，故曰无为以包也。然通达此道，其唯善为士者乎！既能盛神，然后乃可养志也。"意思是说："真人"能够顺应天，符合"道"，能奉行"一"来护养万物，怀有天道之心，施行恩德来滋养万物，用无为的法则包容意志和思想，其行为也能产生影响。作为士人要通达这个道理，就能使精神旺盛，从而培养意志。

养志法灵龟　　培养意志要效法灵龟

原文

养志者，心气之思不达也[1]。有所欲，志存而思之。志者，欲之使也。欲多则心散，心散则志衰，志衰则思不达[2]。故心气一，则欲不徨[3]；欲不徨，则志意不衰；志意不衰，则思理达矣[4]。理达则和通，和通则乱气不烦于胸中[5]。故内以养志，外以知人。养志则心通矣，知人则职分明矣[6]。

将欲用之于人，必先知其养气志，知人气盛衰，而养其志气，察其

译文

人们之所以要培养意志，是因为人们的思路不通畅。心中有了欲望，就要想去满足它。意志是受欲望支使的。欲望多，心就会散，心散了，意志就会衰竭，意志衰竭就会思路不畅。所以心、气一致，就不会纵欲；不纵欲，意志就不会衰竭；意志不衰竭，思路就会顺畅。思路通达，心气就会和谐顺畅；心气和顺，就不会有杂乱之气烦闷于心中。因此，在内应培养意志，在外应了解他人。培养意志，心气就会通畅；了解他人，职责就会分明。

如果想要把这个道理运用到人的身上，就要了解他培养心气、意志的状况，了解他心气的盛衰，并培养他的心气与

所安，以知其所能[7]。志不养，则心气不固；心气不固，则思虑不达；思虑不达，则志意不实；志意不实，则应对不猛；应对不猛，则志失而心气虚；志失而心气虚，则丧其神矣[8]。神丧则仿佛，仿佛则参会不一[9]。养志之始，务在安已。已安则志意实坚，志意实坚则威势不分。神明常固守，乃能分之[10]。

意志，观察他的爱好，以此来了解他的才能。意志得不到培养，心气就不会稳固；心气不稳固，思虑就会不通达；思虑不通达，意志就不会充实；意志不充实，那么应对就不会果决；应对不果决，就会丧失意志，心气虚弱；意志丧失并且心气虚弱就会丧失精神。精神丧失就会神情恍惚，神情恍惚，志、心、神三者就会不协调。培养意志的首要任务在于使自己安定。自己安定了，意志才能坚韧充实；意志坚韧充实，那么威势就不会分散。固守神明，自己才能有威势去分散瓦解别人。

注释

1 **养志者，心气之思不达也：**陶弘景注云："言以心气不达，故须养志以求通也。"此句是说"养志"的原因。意思是说：人们之所以要培养意志，是因为人们的思路不通畅。

2 **欲多则心散，心散则志衰，志衰则思不达：**陶弘景注云："此明纵欲者，不能养气志，故所思不达者也。"意思是说：欲望多，心就会散，心散了，意志就会衰竭，意志衰竭就会思路不畅。

3 **故心气一，则欲不徨：**徨，有的版本作"偟"。偟，恣纵。意思是说：所以心、气一致，就不会纵欲。

4 **志意不衰，则思理达矣：**陶弘景注云："此明寡欲者，能养其志，故思理达矣。"意思是说：意志不衰竭，思路就会顺畅。

5 **理达则和通，和通则乱气不烦于胸中：**陶弘景注云："和通则莫不调畅，故乱气自消。"意思是说：思路通达，心气就会和谐顺畅；心气和顺，就不会有杂乱之气烦闷于心中。

6 **养志则心通矣，知人则职分明矣：** 职分，职责。陶弘景注云："心通则一身泰，职明则天下平。"意思是说：培养意志，心气就会通畅；了解他人，职责就会分明。

7 **将欲用之于人，必先知其养气志，知人气盛衰，而养其志气，察其所安，以知其所能：** 陶弘景注云："将欲用之于人，谓以养志之术用人也。养志则气盛，不养则气衰。盛衰既形，则其所安所能可知矣。然则善于养志者，其唯寡欲乎。"意思是说：如果想要把这个道理运用到人的身上，就要了解他培养心气、意志的状况，了解他心气的盛衰，并培养他的心气与意志，观察他的爱好，以此来了解他的才能。

8 **应对不猛，则志失而心气虚；志失而心气虚，则丧其神矣：** 猛，本义是勇猛、凶猛，这里指果断、快速。陶弘景注云："此明丧神始于志不养也。"意思是说：应对不果决，就会丧失意志，心气虚弱；意志丧失并且心气衰弱就会丧失精神。

9 **神丧则仿佛，仿佛则参会不一：** 仿佛，本义是"隐约"，这里指的是恍惚。陶弘景注云："仿佛，不精明之貌；参会，谓志、心、神三者之交会也。神不精明则多违错，故参会不得其一也。"意思是说：精神丧失就会神情恍惚，神情恍惚，志、心、神三者就会不协调。

10 **养志之始，务在安己。己安则志意实坚，志意实坚则威势不分。神明常固守，乃能分之：** 陶弘景注云："安者谓寡欲而心安也。威势既不分散，神明常来固守。如此则威积而势震物也。上'分'谓散亡也，下'分'谓我有其威，而能动彼，故曰：乃能分之也。"意思是说：培养意志的首要任务在于使自己安定。自己安定了，意志才能坚韧充实；意志坚韧充实，那么威势就不会分散。固守神明，自己才能有威势去分散瓦解别人。

实意法螣蛇

充实思虑要效法螣蛇

原文

实意者，气之虑也[1]。心欲安静，虑欲深远。心安静则神策生，虑深远则计谋成。神策生则志不可乱，计谋成则功不可间[2]。意虑定则心遂安，心遂安则所行不错，神自得矣，得则凝。识气寄，奸邪而倚之，诈谋得而惑之[2]，言无由心矣[3]。故信心术，守真一而不化，待人意虑之交会，听之候之也[4]。

译文

充实思虑就会心气平和，心气平和，才能思虑周详。心要安静，思虑要深远。心安静，“神明”就能繁盛，思虑深远就能形成计谋。神明繁盛，意志就不会错乱，形成计谋，功劳就不会被抹杀。意志、思虑安定，心就会安静，心安静，行事就不会出现错乱，精神就会饱满，精力就会集中。心里有所惦记，奸诈邪恶的事就会乘机而入，别人就会用奸诈的谋略来迷惑自己，也就会导致自己言不由衷。所以要相信净心的方法，坚守真气而使之不发生变化，安神静心，待人精神高度集中，就可以听任、等待事物的任何变化。

注释

1 **实意者，气之虑也：**陶弘景注云：“意实则气平，气平则虑审。故曰实意者，气之虑也。”此句讲“实意”的原因，意思是说：充实思虑就会心气平和，心气平和，才能思虑周详。

2 **心欲安静，虑欲深远。心安静则神策生，虑深远则计谋成。神策生则志不可乱，计谋成则功不可间：**神策生，有的版本作“神明荣”，从《鬼谷子》全书来看，常见“神明”，却不见“神策”，由此来看，作“神明荣”更符合《鬼谷子》的本义。陶弘景注云：“智不可乱，故能成其计谋；功不可间，故能宁其邦国。”意思是说：心安静，“神明”就能繁盛，思虑深远就能形成计谋。神明繁盛，意志就不会错乱，形成计谋，功劳就不会被抹杀。

3 **识气寄，奸邪而倚之，诈谋得而惑之，言无由心矣：**识，记住。识气寄的意思是说心里有所惦记。陶弘景注云：“寄谓客寄。言识气非真，但客寄耳。故奸邪得而倚之，诈谋得而惑之，如此则言皆胸臆，无复由心矣。”意思是说：心里有所惦记，奸诈邪恶的事就会乘机而入，别人就会用奸诈的谋略来迷惑自己，也就会导致自己言不由衷。

4 **故信心术，守真一而不化，待人意虑之交会，听之候之也：**陶弘景注云：“言心术诚明而不亏，真一守固而不化，然后待人接物，彼必输诚尽意，智者虑能，明者献策，上下同心，故能谋虑交会也。用天下之耳听，故物候可知矣。”意思是说：所以要相信净心的方法，坚守真气而使之不发生变化，安神静心，待人精神高度集中，就可以听任、等待事物的任何变化。

原文

计谋者，存亡之枢机。虑不会，则听不审矣，候之不得。计谋失矣，则意无所信，虚而无实[1]。故计谋之虑，务在实意，实意必从心术始[2]。无为而求安静五脏，和通六腑，精神魂魄固守不动，乃能内视[3]、反听[4]、定志。虑之太虚，待神往来。以观天地开辟，知万物所造化，

译文

计谋是关乎存亡的关键。思虑不能交会，就不能听得仔细明白，等待也就不能有所收获。计谋失败，那么思虑也就不能信任，从而变成虚而无实的东西。所以考虑计谋，最关键的是在于充实思虑，充实思虑要从净心之术开始。以“无为”来求得五脏的安静，求得六腑的和顺通达，固守精神魂魄使之不发生变化，如此才能用心体察、用心感觉，也才能安定意志。思虑到达“太虚”的境地，要等待神明的到来。从而观察天地的形成，了解万物之所以发生变化的规律，看到阴阳交替

见阴阳之终始，原人事之政理，不出户而知天下，不窥牖[5]而见天道，不见而命，不行而至。是谓道知，以通神明，应于无方，而神宿矣[6]。

的始终，推究人事及治国的道理。足不出户就能知道天下之事，不窥视窗户就能了解天道，不用亲眼看到就可以发布命令，不采取行动，就能达到目的。这就是所谓的了解“道”，了解“道”才能通达神明，并因此无所不能，那么神也会来居住于此。

注释

1 **虑不会，则听不审矣，候之不得。计谋失矣，则意无所信，虚而无实：**陶弘景注云：“虑不合物，则听者不为己听，故听不审矣。听既不审，候岂得哉！乖候而谋，非失而何，计既失矣，意何所信，惟有虚伪，无复诚实也。”意思是说：思虑不能交会，就不能听得仔细明白，等待也就不能有所收获。计谋失败，那么思虑也就不能信任，从而变成虚而无实的东西。

2 **故计谋之虑，务在实意，实意必从心术始：**陶弘景注云：“实意则计谋得，故曰务在实意；实意由于心安，故曰必在心术始也。”意思是说：所以考虑计谋，最关键的是在于充实思虑，充实思虑要从净心之术开始。

3 **内视：**指的是用心去体察。

4 **反听：**不用耳朵听，而是用心去体会。

5 **牖(yǒu)：**窗户。

6 **是谓道知，以通神明，应于无方，而神宿矣：**陶弘景注云：“道，无思也，无为也。然则道知者，岂用知而知哉！以其无知，故能通神明，应于无方而神来舍矣。宿犹舍也。”意思是说：这就是所谓的了解“道”，了解“道”才能通达神明，并因此无所不能，那么神也会来居住于此。

分威法伏熊

散发己方的威势要效法潜伏的熊

原文

分威者，神之覆也[1]。故静意固志，神归其舍，则威覆盛矣[2]。威覆盛，则内实坚；内实坚，则莫当；莫当，则能以分人之威，而动其势，如其天[3]。以实取虚，以有取无，若以镒称铢[4]。

故动者必随，唱者必和，挠其一指，观其余次，动变见形，无能间者。审于唱和，以间见间，动变明而威可分也[5]。将欲动变，必先养志伏意以视间[6]。知其固实者，自养也；让己者，养人也。故神存兵亡，乃为之形势。

译文

散发威势，必须要有神潜伏在其中。所以使自己意志安定而坚固，使精神凝聚于心，那么所潜伏的威势就会旺盛。所潜伏的威势旺盛，那么内心就会坚固充实；内心坚固充实，就没有什么东西能够阻挡；没有什么能够阻挡，就能够分散他人的威力，动摇他人的气势，也才能够随其本性，顺其自然。用己方的充实去攻取对方的虚弱，用己方所有去攻取对方所无，就像用重物去衡量轻物一样，驾重就轻，轻而易举。

因此只要行动就必定有人跟随，只要发出倡导就会有人附和，只要别人弯一弯手指，就能了解对方的其他动作，只要对方一行动就能了解他的全部行动，从而令对方无机可乘。明白唱和的道理，通过小的空隙去发现对方的漏洞，动作变化明确，就能够分散对方的威力。要想震慑动摇对方使之发生变化，就要先培养自己的意志，隐藏自己的意图，来暗中观察对方的漏洞。知道意志充实坚固，就要保养自己的气势；过分谦让，就是替他人保养气势。所以精神的存养，可以消除武力，这就是所要形成的气势。

注释

1 **分威者，神之覆也**：覆，本义是"伏击"，这里是讲散发威势，要有神伏于其中。陶弘景注云："覆，犹衣被也。神明衣被，然后其威可分也。"意思是说：散发威势，必须要有神潜伏在其中。

2 **故静意固志，神归其舍，则威覆盛矣**：陶弘景注云："言致神之道，必须静意固志，自归其舍，则神之威覆隆盛矣。舍者，志意之宅也。"意思是说：所以使自己意志安定而坚固，使精神凝聚于心，那么所潜伏的威势就会旺盛。

3 **如其天**：如，依照；顺从。"如其天"的意思是说随其本性，顺其自然。

4 **以实取虚，以有取无，若以镒称铢**：以镒（yì）称铢（zhū），镒，古代的重量单位，二十两。铢，古代的重量单位，一两的二十四分之一。以镒称铢，意思是说用重物去衡量轻物，比喻以重驾轻，轻而易得。陶弘景注云："言威势既盛，人物肃然，是我实有而彼虚无，故能以我实取彼虚，以我有取彼无，其取之也，动必相应，犹称铢以成镒也。二十四铢为两，二十四两为镒也。"意思是说：用己方的充实去攻取对方的虚弱，用己方所有去攻取对方所无，就像用重物去衡量轻物一样，驾重就轻，轻而易举。

5 **审于唱和，以间其间，动变明而威可分也**：陶弘景注云："言审识唱和之理，故能有间，必知我；既知间，故能见间，而既见间，即莫能间，故能明于动变而威可分也。"此句意思是：明白唱和的道理，通过小的空隙去发现对方的漏洞，动作变化明确，就能够分散对方的威力。

6 **将欲动变，必先养志伏意以视间**：陶弘景注云："既能养志伏意，视知其间，则变动之术可成矣。"意思是说：要想震慑动摇对方使之发生变化，就要先培养自己的意志，隐藏自己的意图，来暗中观察对方的漏洞。

散势法鸷鸟

分散对方的势力要效法鸷鸟

原文

散势者，神之使也。用之，必循间而动[1]。威肃内盛，推间而行之，则势散[2]。夫散势者，心虚志溢，意衰威失，精神不专，其言外而多变。故观其志意为度数，乃以揣说图事，尽圆方，齐短长[3]。

无间则不散势，散势者，待间而动，动而势分矣[4]。故善思间者，必内精五气，外视虚实，动而不失分散之实[5]。动则随其志意，知其计谋。势者，利害之决，权变之威；势败者，不以神肃察也。

译文

分散对方的势力，是用精神意志来支使它。运用这种方法，一定要抓住对方的漏洞来采取行动。外表威严恭敬，内心意志强盛，利用对方的漏洞采取行动，对方的势力就会被分散。分散势力，对方就会心志空虚，意志衰颓，威严丧失，精神就不能够集中，对方的言论也就会空疏多变。所以要以观察对方心志作为行动的标准，并以此采取揣摩游说的方法图谋大事，同时也要充分考虑事物的圆方，比较事物的短长。

如果对方没有漏洞就不能分散他们的势力，分散对方的势力，就是要等待对方出现漏洞再采取行动，这样，对方的势力就被分散了。所以善于考虑对方漏洞的人，一定对内可以蓄积五气，对外要观察对方的虚实，那么他的行动就不会失去分散对方势力的作用。采取行动去分散对方的势力就是要随着对方的意图，了解对方的计谋。势，是利害的关键，是权变的核心；势力之所以衰败分散，是没有集中精神严格审查对方的缘故。

注释

1 **用之，必循间而动：** 陶弘景注云："无间则势不行，故用之必循间而动。"意思是说：运用这种方法，一定要抓住对方的漏洞来采取行动。

2 **威肃内盛，推间而行之，则势散：** 陶弘景注云："言威势内盛行之，又因间而发，则其势自然而布散矣。"意思是说：外表威严恭敬，内心志意强盛，利用对方的漏洞采取行动，对方的势力就会被分散。

3 **故观其志意为度数，乃以揣说图事，尽圆方，齐短长：** 陶弘景注云："知其志意隆替，然后为之度数。度数既立，乃复揣而说之。其图事也，必尽圆方之理，齐短长之用也。"意思是说：所以以观察对方心志作为行动的标准，并以此采取揣摩游说的方法图谋大事，同时也要充分考虑事物的圆方，比较事物的短长。

4 **无间则不散势，散势者，待间而动，动而势分矣：** 陶弘景注云："散不得间，则势不行。故散势者，待间而动，动而得间，势自分矣。"意思是说：如果对方没有漏洞就不能分散对方的势力，分散对方的势力，就是要等待对方出现漏洞再采取行动，这样，对方的势力就被分散了。

5 **故善思间者，必内精五气，外视虚实，动而不失分散之实：** 陶弘景注云："五气内精，然后可以外察虚实之理。不失则间必可知，其有间，故能不失分散之实也。"意思是说：所以善于考虑对方漏洞的人，一定对内可以蓄积五气，对外要观察对方的虚实，那么他的行动就不会失去分散对方势力的作用。

转圆法猛兽　　拥有无穷无尽的计谋就要效法猛兽

原文

转圆者，无穷之计。无穷者，必有圣人之心，以原不测之

译文

转圆，就是无穷无尽的计谋。要想拥有无穷无尽的计谋，一定要拥有圣人的心胸，并以此探究深不可测的智慧，再以深不可测的

智，以不测之智而通心术[1][3]。而神道混沌为一，以变论万类，说义无穷[2]。智略计谋，各有形容[3]：或圆或方，或阴或阳，或吉或凶，事类不同。故圣人怀此用，转圆而求其合。故与造化者为始，动作无不包大道，以观神明之域[4]。

天地无极，人事无穷，各以成其类。见其计谋，必知其吉凶成败之所终。转圆者，或转而吉，或转而凶，圣人以道先知存亡，乃知转圆而从方[5]。圆者，所以合语；方者，所以错事[6]。转化者，所以观计谋；接物者，所以观进退之意。皆见其会，乃为要结以接其说也[7]。

智慧来通达内心之术。神道是混沌一体的，以变化的理论论说万物，就可以阐发无穷无尽的奥妙。智慧、韬略、计谋都有各自的形式和内容：或圆或方，或阴或阳，或吉或凶，都因情况不同而各有不同。因此圣人掌握了这种规律，就会产生无穷无尽的计谋来使事物符合实际。所以，圣人能够体悟造物之初的道，其一举一动没有不包含天道的，因此可以观测神明之领域。

天地没有极限，人事没有穷尽，都是因为各自的特点而被分成不同的种类。洞察对方的计谋，一定能够了解对方吉凶、成败的结果。转圆变化：有的转向吉，有的转向凶。圣人因为掌握了“道”所以能够预先了解事情的成败，于是便能够“转圆”而“从方”。圆，所以能使言语相合；方，所以能够处理事情。转化，所以能够了解对方的计谋；接物，所以能够观察对方进退的意图。如果能融会圆、方、转化、接物四者的道理，并加以分析综合，就能够接续发展圣人的学说。

注释

1 **无穷者，必有圣人之心，以原不测之智，以不测之智而通心术：** 陶弘景注云：“圣心若镜，物感斯应。故不测之智可原，心术之要可通也。”意思是说：要想拥有无穷无尽的计谋，一定要拥有圣人的心胸，并以此探究深不可测的智慧，再以深不可测的智慧来通达内心之术。

2 **而神道混沌为一，以变论万类，说义无穷：** 陶弘景注云："既以圣心原不测，通心术，故虽神道混沌如物，杳冥而能论万类之变，说无穷之义也。"意思是说：神道是混沌一体的，以变化的理论论说万物，就可以阐发无穷无尽的奥妙。

3 **形容：** 形态。

4 **故与造化者为始，动作无不包大道，以观神明之域：** 陶弘景注云："圣人体道以为用。其动也，神其随也。天故与造化其初，动作先合大道之理，以稽神明之域。神道不违，然后发施号令也。"意思是说：所以，圣人能够体悟造物之初的道，其一举一动没有不包含天道的，因此可以观测神明之领域。

5 **转圆者，或转而吉，或转而凶，圣人以道先知存亡，乃知转圆而从方：** 陶弘景注云："言吉凶无常准，故取类转圆，然唯圣人坐忘遗鉴，体同乎道。故能先知存亡之所在，乃后转圆而从其方，弃凶而趋吉，方谓吉之所在也。"意思是说：转圆变化，有的转向吉，有的转向凶。圣人因为掌握了"道"所以能够预先了解事情的成败，于是便能够"转圆"而"从方"。

6 **方者，所以错事：** 错，通"措"，措事即处理事情。陶弘景注云："方者，分位斯定，故可以错有为之事。"此句意思是：方，所以能够处理事情。

7 **皆见其会，乃为要结以接其说也：** 陶弘景注云："谓上四者，必见其会通之变，然后总其纲要以结之，则情伪之说，可接引而尽矣。"意思是说：如果能融会圆、方、转化、接物四者的道理，并加以分析综合，就能够接续发展圣人的学说。

损兑法灵蓍

损益要效法灵蓍

原文

损兑者，机危之决也[1]。事有适然，物有成败，机危之动，不可不察[2]。故圣人以无为待有德，言察辞合于事[3]。兑者，知之也；损者，行之也。损之说之，物有不可者，圣人不为之辞。故智者不以言失人之言，故辞不烦而心不虚，志不乱而意不邪。

当其难易而后为之谋，因自然之道以为实。圆者不行，方者不止，是谓大功[4]。益之损之，皆为之辞。用分威散势之权，以见其

译文

当事情出现征兆，或危急时刻需要决断时，我们须用“损”与“兑”的方式来解决。事情有时注定会如此发生，事情有时候会有成有败，因此对于事情的征兆、危疑的变化不能不进行详察。所以圣人以无为的方式来对待有德之人，先观察他的言辞，使之与事情相合。“兑”是以言辞来取悦对方，并以此来说服对方，了解对方；“损”是损言益行，并要求对方切实去施行。我们必须用“损”“兑”两种方式去处理事情，如果用这两种方式仍然无法处理，圣人也就不会多费言辞了。所以有智慧的人不会因为自己的言论而去否定别人的言论，所以他的言辞简要，心思不虚浮，志向不紊乱，意念不邪恶。

能够恰当了解事情的难易，然后再为这件事进行合理的谋划，因此还必须顺着自然之道行事。让对方周圆的谋略无法施展，使对方方正的行为不能有所作用，这可以称得上是有大功。无论是“益”还是“损”，都需要借助言辞来实现。并借此分散对方的威力，散发自己的势力，来显示“兑”的威力，如此在事情出

兑威、其机危，乃为之决[5]。故善损兑者，譬若决水于千仞[6]之堤，转圆石于万仞之溪。而能行此者，形势不得不然也。

现征兆、危急的时候才能得到解决。所以善于运用“损兑”之术的人，就好像河水从千仞高的堤坝溃决而下，就好像万仞高的溪水转动圆石一样，是无法阻挡的。而能施行这种“损兑”之术的人，就能够造成这种势不可当的气势。

注释

1 **损兑者，机危之决也：**兑，是“悦”的意思，引申有“增益”的意思。增益言辞或事物，使人能够喜悦，谓之兑。损兑，即损益。机，征兆。陶弘景注云：“幾危之兆，动理之微，非心眼莫能察见，故曰损兑者，机危之决也。”意思是说：当事情出现征兆，或危急时刻需要决断时，我们须用“损”与“兑”的方式来解决。

2 **事有适然，物有成败，机危之动，不可不察：**陶弘景注云：“适然者，有时而然也。物之成败，有时而然。机危之动，自微至著，若非情识远深，知机玄览，则不能知于未兆，察于未形，使风涛潜骇，危机密发，然后河海之量堙为穷流，一篑之积叠成山岳。不谋其始，虽悔何追，故曰不可不察也。”意思是说：事情有时注定会如此发生，事情有时候会有成有败，因此对于事情的征兆、危疑的变化不能不进行详察。

3 **故圣人以无为待有德，言察辞合于事：**陶弘景注云：“夫圣人者，勤于求贤，密于任使，故端拱无为以待有德之士，士之至也，必敷奏以言，故曰言察辞也。又当明试以功，故曰合于事也。”意思是说：所以圣人以无为的方式来对待有德之人，先观察他的言辞，使之与事情相合。

4 **圆者不行，方者不止，是谓大功：**陶弘景注云：“夫谋之妙者，必能转祸为福，因败成功，沮彼而成我也。彼用圆者，谋令不行；彼用方者，谋令不止。然则圆行方止，理之常也。吾谋既发，彼不得守其常，岂非大功哉！”意思是说：使对方周圆的谋略无法施展，使对方方正的行为不能有所作用，这可以称得上是有大功。

5 **用分威散势之权，以见其兑威、其机危，乃为之决：**陶弘景注云："夫所以能分威散势者，心眼之由也。心眼既明，机危之威可知之矣。既知之，然后能决之也。"意思是说：并借此分散对方的威力，散发自己的势力，来显示"兑"的威力。如此在事情出现征兆、危急的时候才能得到解决。

6 **仞（rèn）：**古代的长度单位，八尺或七尺为一仞。

校勘

[1] 生一，嘉庆刊本原作"一生"，今据《道藏》本改。

[2] "诈谋得而惑之"，嘉庆刊本原脱"得"字，今据《道藏》本补入。

[3] 嘉庆刊本原无"以不测之智"五字，此据《道藏》本、明嘉靖乙巳抄本补入。

持　枢

导读

“持”是抓住的意思。枢，本义是户枢，引申为关键。所谓“持枢”就是要抓住事物的关键。

本篇将“持枢”看成像天地运行规律一样，不可违背。同时指出“持枢”也是国君治理国家的纲要，即文中所谓“此天道，人君之大纲也”。

此篇残缺，我们无法知道本篇的主旨和内容结构。不过，从残存的部分来看，本篇似乎是阐述国君如何使用“持枢”之术治理国家。即是说国君要治理国家就要遵从天道，顺应自然规律，如此就能抓住治国安民的关键。

抓住事物的关键，是制定决策的基础，小到个人，大到国家，都是如此。能否抓住事物的关键，直接关系到决策能否取得成功，因此本篇所论“持枢”之术，在当代仍具有现实意义。

原文

持枢[1]，谓春生、夏长、秋收、冬藏，天之正也[2]。不可干而逆之，逆之者，虽成必败[3]。故人君亦有天枢，生、养、

译文

所谓抓住事物的关键，就好比春天萌生、夏天成长、秋天收获、冬天储藏一样，乃是上天运行的正常规律。不能触犯违背它，如果违背它，即使能短暂的成功，最终也会失败。所以君主治理国家也有

成、藏[4]，亦复不可干而逆之，逆之者，虽盛必衰。此天道，人君之大纲也[5]。

规律，生、长、收、藏也不能触犯违背，如果违背了，即使能取得一时的兴盛，最终也会衰落。这是天地运行的规律，也是君主治理国家的纲领。

注释

1 **持枢：**本义是户枢，即门的转轴，引申为关键的意思。持枢，抓住关键。

2 **天之正也：**陶弘景注云："言春夏秋冬四时运行，不为而自然也，不为而自然，所以为正也。"意思是说：这是上天运行的正常规律。

3 **不可干而逆之，逆之者，虽成必败：**干（gān），触犯、冒犯。陶弘景注云："言理所必有物之自然，静而顺之，则四时行焉，万物生焉。若乃干其时令，逆其气候，成者犹败，况未成者乎？元亮曰：'含气之类，顺之必悦，逆之必怒，况天为万物之尊而逆之乎？'"意思是说：不能违背自然规律，如果违背自然规律，即使能取得短暂的成功，最终也会失败。

4 **故人君亦有天枢，生、养、成、藏：**陶弘景注云："言人君法天以运动，故曰亦有天枢。然其生养成藏，天道之行也。人事之正，亦复不别耳。"意思是说：所以君主治理国家也有规律，生、长、收、藏也不能触犯违背。

5 **亦复不可干而逆之，逆之者，虽盛必衰。此天道，人君之大纲也：**纲，本义是提网的总绳，引申为事物的总要。陶弘景注云："言干天之行，逆人之正，所谓倒置之。故曰逆非衰而何。此持枢之术，恨太简促，畅理不尽，或简篇脱烂，本不能全故也。"意思是说：如果违背了，即使能取得一时的兴盛，最终也会衰落。这是天地运行的规律，也是君主治理国家的纲领。

中　经

导读

“中”是指内心而言，“经”是经营的意思。通过内心去经营外物，由中以经外，所以称为“中经”。从内容上看本篇是与《本经》相对而言。

本文介绍了由内心以经外的七种方法准则：

1.“见形为容，象体为貌”，即是指通过观察对方的表情和行为，把握对方的内在实情；文中也指出了对那些“不可象貌而得之”的人，要隐藏自己的真实意图，堵塞己方的漏洞，并远离他。即文中所谓“隐情塞郄而去之”。

2.“闻声知音”即了解对方言辞的真正内涵，从而达到彼此的和谐；文中强调策士要善于训练自己的言辞，让自己的言行能符合对方的心意，从而达到游说的目的。

3.“解仇斗郄”分为“解仇”和“斗郄”两个方面，“解仇”是指化解弱小的仇恨，达成和解；“斗郄”是指强大的对手因嫌隙发生争斗；文中强调解仇斗郄是建立在自身力量与对方力量的对比上，从而采取不同的应对方式。

4.“缀去”，指用言语拉缀别人的心，维系彼此的情感；文中指出当别人要离开自己时，要称赞其德行，激励其意志，并谈论期望再会之类的言论来获取人心。即文中所谓“称其行、厉其志，言为可复，会之期喜”。

5.“却语”，是指伺察别人言论的缺失，以此来耸动他，然后再以信义来安抚他；文中指出要善于抓住别人话语的短处，要挟对方，使之害怕，此时可以再以好言安抚，使之为我所用。即文中所谓“其人恐畏，然后结信，以安其心，收语盖藏而却之”。

6.“摄心”，称扬对方的长处，投其所好，以获取对方的心；文中指出针对两种不同的人，应采取不同的方式：

一是对那些有一技之长的人，就要让自己掌握对方行业的专业知识和技能，称赞其技艺之长处，指出其技艺之不足，这样就能博得其诚心归附。

二是对那些沉湎酒色的人，首先要满足其需求，然后再对他进行告诫，并帮助其摆脱困境，这样他就会心存感激，从而归附。

7.“守义”，谨守仁义，并探取对方的心，再以相应的方法迎合他。文中同时还指出，运用“守义”之术时，要警惕小人，不可贸然使用，不能用旁门左道来迎合对方的内心，这样就会导致亡国。即文中所谓“故小人比人，则左道而用之，至能败家夺国”。

这七种方法的主旨是在以言说或其他技巧积极地取得别人的信任，从而使其归附自己，时至今日仍具有参考价值。

原文

中经[1]，谓振穷趋急，施之能言、厚德之人[2]。救拘执，穷者不忘恩也[3]。能言者，俦善博惠[4]。施德[1]者，依道[5]。而救拘执者，养使小人[6]。盖士遭世异时危，或当因免阗坑[7]，或当伐害能言[8]，或当破德为雄[9]，或当

译文

“中经”就是救济穷人，帮助处在危急中的人，这一举动可以运用到善于言辞的人及道德敦厚的人身上。解救身陷囹圄的人：贫穷的人不会忘记你的恩德；善于言辞的人能够效仿你的善行，并且能够广博地施恩于人；道德敦厚的人，能够循理而行，不失其道。解救身陷囹圄的人，就可以让他听从召唤。当士人遭遇时世危境：有的人能够保全自己免死于战祸；有的人能够夸耀利害，充当说客；有的人放弃德行，崇尚武力，成为

原文	译文
抑拘成罪[10]，或当戚戚自善[11]，或当败败自立[12]。	枭雄；有的人被限制拘押沦为罪犯；有的人忧虑恐惧只求得保全自我；有的人则在危败的情形中求得自立。

注释

1 **中经：**中，这里指内心。经，经营。中经是指用内心去经营外物。

2 **谓振穷趋急，施之能言、厚德之人：**振，赈济，救济。趋，跑，疾行。振穷趋急，是指救济贫穷的人，帮助处在危急中的人。陶弘景注云："振，起也；趋，向也。物有穷急，当振趋而向护之，及其施之，必在能言之士，厚德之人。"意思是说：救济穷人，帮助处在危急中的人，此举可以运用到善于言辞的人和道德敦厚的人身上。

3 **救拘执，穷者不忘恩也：**拘执，泛指处于困境中的人。陶弘景注云："若能救彼拘执，则穷者怀德，终不忘恩也。"意思是说：解救身陷囹圄的人，贫穷的人不会忘记你的恩德。

4 **能言者，俦善博惠：**俦，匹也，类也。博，普遍、广泛的意思。俦善博惠，是指能效法、模仿善行，广博地施人恩惠。陶弘景注云："俦，类也。谓能言之士，解纷救难，不失善人之类，而能博行恩惠也。"意思是说：善于言辞的人能够效仿你的善行，并且能够广博地施恩于人。

5 **施德者，依道：**施德，疑当为"厚德"之误。此处当与前文"施之能言、厚德之人"相照应，"施德"当属涉上文而误。陶弘景注云："言施德之人，动能循理，所为不失道也。"陶注据"施德"言，未必准确。意思是说：道德敦厚的人，能够循理而行，不失其道。

6 **而救拘执者，养使小人：**陶弘景注云："言小人在拘执而能救养之，则小人可得而使也。"意思是说：解救身陷囹圄的人，就可以让他听从召唤。

7 **或当因免阗坑：**阗坑，同"填坑"。这里是代指遭遇战争而死亡。陶弘景注云："填坑，谓时有兵难，转死沟壑，士或有所因，而能免斯祸者。"意思是说：有的人能够保全自己免死于战祸。

8 **伐害能言：**伐，矜伐，夸耀。害，指利害。能言，此处借指游说者。伐害能言，指向他人夸耀利害，充当说客。

9 **破德为雄：**破，放弃。破德，指放弃德治。雄，枭雄。破德为雄，是指放弃德治，崇尚武力，成为枭雄。陶弘景注云："破德为雄，谓毁文德，崇兵战。"

10 **或当抑拘成罪：**陶弘景注云："抑拘成罪，谓贤人不辜，横被缧绁。"意思是说：有的人被限制拘押沦为罪犯。

11 **或当戚戚自善：**陶弘景注云："戚戚自善，谓天下荡荡，无复纲纪，而贤者守死善道，真心不渝，所谓岁寒然后知松柏之后凋，风雨如晦，鸡鸣不已者也。"意思是说：有的人忧虑恐惧只求得保全自我。

12 **或当败败自立：**陶弘景注云："败败自立，谓天未悔过，危败相仍，君子穷而必通，终能自立，若管仲者也。"意思是说：有的人在危败的情形中谋得自立。

原文

故道贵制人，不贵制于人也[1]。制人者握权，制于人者失命。是以见形为容，象体为貌，闻声知音，解仇斗郄[2]，缀去[3]，却语[4]，摄心[5]，守义[6]。《本经》纪事者，纪道数，其变要在《持枢》《中经》[7]。

译文

所以，道术贵在能制约他人，否则，就会被人制约，这不是值得推崇的。制约他人的人能够掌握权力，被他人制约的人就会失去生命。因此要使用"见形为容，象体为貌""闻声知音""解仇斗郄""缀去""却语""摄心""守义"等方法。《本经》所记之事是道数，其变化的关键则在于《持枢》《中经》。

注释

1 **故道贵制人，不贵制于人也：**陶弘景注云："贵有术而制人，不贵无术而为人所制者也。"意思是说：道术贵在能制约他人，否则，就会被他人制约。

2 **解仇斗郄：**斗，这里是使动用法，使……斗。郄，同"郤"，嫌郤。解仇斗郄，是指和解仇敌，使两个强者相互争斗。

3 **缀去：**缀，拉拢。这里是指用言语拉拢别人的心，我们离去后，能让对方思慕。

4 **却语：**却，掩饰。这里是指伺察别人言论的缺失，以此来耸动他，然后再以信义来安抚他，对于他的缺失加以掩饰，使他能感激我们。换句话说，"却语"即是对对方言语上的缺失加以掩饰。

5 **摄心：**摄，获取。这里是指称扬对方的长处，以获取对方的心。

6 **守义：**是指谨守仁义，并探取对方的心，再以相应的方法迎合他。

7 **《本经》记事者，纪道数，其变要在《持枢》《中经》：**陶弘景注云："此总言《本经》《持枢》《中经》之义。言《本经》纪事，但纪道数而已。至于权变之要，乃在《持枢》《中经》也。"此句话类似于总序，是在说明《本经》《持枢》《中经》三篇的内容在性质上是一致的，因而我们可以推知下卷三篇，当出于同一人之手。

原文

见形为容、象体为貌者，谓爻为之生[2]也[1]，可以影响、形容、象貌而得之也。有守之人，目不视非，耳不听邪，言必《诗》《书》，行不淫僻，以道为形，以德为容，貌庄色温，不可象貌而得之。如是，隐情塞郄而去之[2]。

闻声知音者，谓声气不同，恩爱不接。故商、角不二合，徵、羽不相配，能为四声主者，

译文

所谓"见形为容、象体为貌"，就是面对狡诈虚伪的君主，可以通过行动、声音、外貌、形容来测知他的内在真情。有德行和主见的君主，眼睛不看非礼的东西，耳朵不听邪恶的东西，谈论说话一定引用《诗》《书》，行事作为不淫乱邪僻，以"道"作为举动的依据，以"德"作为容貌的准则，表情端庄，神色温和，这种人不能通过外貌、行为来了解他的真情。如果是这样的话，就要隐藏实情，堵塞缝隙，悄然离开。

所谓"闻声知音"，就是说声音气质不同，恩爱的情感就不能相接通。所以在五音中，商、角二音不能相合，徵、羽二音不

其唯宫乎[3]。故音不和则悲，是以声散、伤、丑、害者，言必逆于耳也[4]。虽有美行、盛誉，不可比目合翼相须也。此乃气不合，音不调者也[5]。

能相配，能够主宰这四音的，大概只有宫音了。所以，音不相协调就不会令人动情，因此用声音来散布丑恶有害的东西，那么这些言论一定不顺耳。即使有美好的行为，享有盛誉，彼此之间不能像比目鱼、比翼鸟那样相互密切协调。这是彼此气质不合，声音不协调的缘故。

注释

1 **见形为容、象体为貌者，谓爻为之生也，可以影响、形容、象貌而得之也：** 谓爻为之生也，爻，是“交”的讹字；“交为”应当读为“狡伪”，狡诈虚伪之意。生，一本作“主”，君主。陶弘景注云：“见彼形，象彼体，即知其容貌者，谓用爻卦占卜而知之也。谓彼人之无守，故可以影响形容象貌，占而得之。”陶注据讹本言，不确。意思是说：所谓“见形为容、象体为貌者”，就是面对狡诈虚伪的君主，可以通过行动、声音、外貌、形容来测知他的内在真情。

2 **隐情塞郄而去之：** 陶弘景注云：“有守之人，动皆正直，举无淫僻，浸昌浸盛，晖光日新，虽有辩士之舌，无从而发。故隐情、塞郄、闭藏而去之。”意思是说：如果是那样的话，就要隐藏实情，堵塞嫌隙，悄然离开。

3 **故商、角不二合，徵、羽不相配，能为四声主者，其唯宫乎：** 陶弘景注云：“商金、角木、徵火、羽水，递相克食，性气不同，故不相配合也。宫则土也，土主四季。四者由之以生，故能为四声之主也。”意思是说：所以在五音中，商、角二音不能相合，徵、羽二音不能相配，能够主宰这四音的，大概只有宫音了。

4 **是以声散、伤、丑、害者，言必逆于耳也：** 散，指的是与人交谈时不专心。伤，言辞伤人。丑，言辞不雅。害，言辞有恶意。陶弘景注云：“散、伤、丑、害，不和之音，音气不和，必与彼乖，故其言必逆于耳。”

意思是说：所以，音不相协调就不会令人动情，因此用声音来散布丑恶有害的东西，那么这些言论一定不顺耳。

5 **虽有美行、盛誉，不可比目合翼相须也。此乃气不合，音不调者也**：须，等待。陶弘景注云："言若音气乖彼，虽行誉美盛，非彼所好，则不可如比目之鱼、合翼之鸟，两相须也。其有能令两相交应，不与同气者乎。"意思是说：即使有美好的行为，享有盛誉，彼此之间不能像比目鱼、比翼鸟那样相互密切协调。这是彼此气质不合，声音不协调的缘故。

原文

解[3]仇斗郄，谓解羸微[4]之仇；斗郄者，斗强也[1]。强郄既斗，称胜者高其功，盛其势也[2]；弱者哀其负，伤其卑，污其名，耻其宗[3]。故胜者闻其功势，苟进而不知退；弱者闻哀其负，见其伤，则强大力倍，死而[5]是也[4]。郄无强大，御无强大，则皆可胁而并[5]。

缀去者，谓缀已之系言，使有余思也[6]。故接贞信者，

译文

"解仇斗郄"，"解仇"就是化解微小的仇恨，与人和解；"斗郄"就是使强大的对手彼此相斗。强大的对手既已因嫌隙而彼此争斗，获胜的一方，就会宣扬自己的胜利，夸大自己的功绩，借以壮大自己的声势。而战败的一方，就会因失败而感到悲哀，为自己的卑弱而感到受伤，并感到自己的名声受到了玷污，自己的宗族受到了侮辱。因此取胜的一方，宣扬自己的功劳、势力，就会只知道进而不知退；失败的一方，听闻自己失败的悲哀，看到自己受到的损害，就能够发愤图强，增大自己的势力，并拼死而战。对方有嫌隙可乘，就不算是强大；对方有实力抵御，也不能算是强大，我们都可以胁迫他们顺从自己。

所谓"缀去"，就是用言语拉拢别人的心，使我们离去后，还能让对方思慕。所以接触正直信义之人，要称赞他的行为，鼓励他的志

称其行，厉其志，言为可复，会之期喜[7]。以他人庶，引验以结往，明款款而去之[8]。	向，说他可以有所作为，期待他归来，并且表达出再次相见时的喜悦之情。用他人众多成功的例子来验证自己的话，并表明结交之情，在表达真诚结交的心意后再离开。

注释

1 **解仇斗郄，谓解羸微之仇；斗郄者，斗强也：** 羸（léi），弱。羸微，此处指微小、细小。陶弘景注云："辩说之道，其犹张弓，高者抑之，下者举之。故羸微为仇，从而解之；强者为郄，从而斗之也。"意思是说："解仇斗郄"的方法是消除那些微不足道的仇隙，使强者相互争斗；"斗郄"就是使强者相互争斗。

2 **强郄既斗，称胜者高其功，盛其势也：** 陶弘景注云："斗而胜者，从而高其功，盛其势也。"意思是说：强大的对手既已因嫌隙而彼此争斗，获胜的一方，就会宣扬自己的胜利，夸大自己的功绩，借以壮大自己的声势。

3 **弱者哀其负，伤其卑，污其名，耻其宗：** 污，此处作动词，玷污的意思。陶弘景注云："斗而弱者，从而哀其负劣，伤其卑小，污下其名，耻辱其宗也。"意思是说：而战败的一方，就会因失败而感到悲哀，为自己的卑弱而感到受伤，并感到自己的名声受到了玷污，自己的宗族受到了侮辱。

4 **故胜者闻其功势，苟进而不知退；弱者闻哀其负，见其伤，则强大力倍，死而是也：** 陶弘景注云："知进而不知退，必有亢龙之悔。弱者闻我哀伤，则勉强其力，倍意致死，为我为是也。"意思是说：取胜的一方，宣扬自己的功劳、势力，就会只知道进而不知退；失败的一方，听闻自己失败的悲哀，看到自己受到的损害，就能够发愤图强，增大自己的势力，并拼死而战。

5 **郄无强大，御无强大，则皆可胁而并：** 陶弘景注云："言虽为郄，非能强大，其于扞御，亦非强大。如是者，则以兵威胁，令从己，而并其国也。”意思是说：对方有嫌隙可乘，就不算是强大；对方有实力抵御，也不能算是强大，我们都可以胁迫他们顺从自己。

6 **缀去者，谓缀己之系言，使有余思也：**陶弘景注云：“系，属也，谓己令去，而欲缀其所属之言，令后思而同也。”意思是说：所谓“缀去”，就是用言语拉缀别人的心，使我们离去后，还能让对方思慕。

7 **故接贞信者，称其行，厉其志，言为可复，会之期喜：**陶弘景注云：“欲令去后有思，故接贞信之人，称其行之盛美，厉其志令不怠，谓此美行必可常为，必可报复，会通其人，必令至于喜悦也。”意思是说：所以接触正直信义之人，要称赞他的行为，鼓励他的志向，说他可以有所作为，期待他归来，并且表达出再次相见时的喜悦之情。

8 **以他人庶，引验以结往，明款款而去之：**款款，诚恳的样子。陶弘景注云：“言既称行厉志，令其喜悦，然后以他人庶几于此行者，引之以为成，验以结已往之心，又明己款款至诚如是而去之，必思己而不忘也。”意思是说：用他人众多成功的例子来验证自己的话，并表明结交之情，在表达真诚结交的心意后再离开。

原文

却语者，察伺短也[1]。故言多必有数短之处，识其短，验之。动以忌讳，示以时禁[2]。其人恐畏，然后结信，以安其心，收语盖藏而却之[3]。无见己之所不能于多方之人[4]。

摄心者，谓逢好学伎术者，则为之称远[5]。方验之道，惊以奇怪，

译文

所谓“却语”，就是伺机观察对方的短处。因为对方的言论多，就一定会有短处显示出来，识别对方的短处，并进行验证。以禁忌避讳之事来耸动他，并向他展示当时的禁令，从而让他感到恐惧害怕，然后再去与他交好，并使之安心，接着就把话收起来，并掩饰他的缺点。并且不能在才艺众多的人前显示出自己的弱点。

所谓“摄心”，就是遇到爱好学习、有技艺的人，就称扬赞颂他，使他的名声可以远播。一旦他的才能技艺可以为“道”所

人系其心于己[6]。效之于人，验去乱其前，吾归诚于己[7]。遭淫酒色者，为之术；音乐动之，以为必死，生日少之忧。喜以自所不见之事，终可以观漫澜之命，使有后会[8]。

守义者，谓守以仁义，探其在内以合也[9]。[6]探心，深得其主也。从外制内，事有系，曲而随之[10]。故小人比人，则左道而用之，至能败家夺国[11]。非贤智，不能守家以义，不能守国以道。圣人所贵道微妙者，诚以其可以转危为安，救亡使存也。

验证，就为他的奇特而表示惊叹，那么此人就会把心交给自己。再使他的才能在世人面前展现出来，并且用过去贤人的例子来验证他的才能，他就会更加诚心地归属自己。遇到淫乱贪酒好色的人，要运用技巧：用音乐打动他，使他认识到贪恋酒色必然早死，从而让他产生生命短暂的担忧，再用自己也看不到的事情来让他感到喜悦，并最终使其看到光辉灿烂的生命，从而使之得以长寿。

所谓“守义”，就是要坚守仁义之理，探究对方内心的想法，来与之相应合。探究对方内心的真实意图，就可以把握对方的主要思想。然后可以使自己从外部控制内心，从而使对方因有事而与自己产生联系，从而让对方委曲于自己。所以小人亲附他人，是使用旁门左道的手段，以至他们能够破坏夺取国家的政权。如果不是贤能睿智的人，就不能用“义”来守护家族，也就不能用“道”来守护国家。圣人之所以推崇微妙之道，就是因为使用这种微妙之道可以转危为安，救亡图存。

注释

1 **却语者，察伺短也：**陶弘景注云：“言却语之道，必察伺彼短也。”此句强调“却语术”的主要用途。意思是说：所谓“却语”，就是伺机观察对方的短处。

2 **动以忌讳，示以时禁：**陶弘景注云：“既验其短，则以忌讳动之，时禁示之。”意思是说：以禁忌避讳之事来耸动他，并向他展示当时的禁令。

3 **其人恐畏，然后结信，以安其心，收语盖藏而却之：**盖，掩，战国文字中“盖”即是“掩”。盖藏为同义连用，即掩藏的意思。陶弘景注云：“其人既以怀惧，必有求服之情，然后结以诚信，以安其惧，以收其向语，盖藏而却之，则其人之恩感，固以深矣。”意思是说：从而让他感到恐惧害怕，然后再去与他交好，并使之安心，接着就把话收起来，并掩饰他的缺点。

4 **无见己之所不能于多方之人：**方，道也。多方，指的是多道技艺之人。陶弘景注云：“既藏向语，又戒之曰：勿于多方人前，见其所不能也。”意思是说：并且不能在才艺博多的人前显示出自己的弱点。

5 **摄心者，谓逢好学伎术者，则为之称远：**称远，称扬其名，使之远播。陶弘景注云：“欲将摄取彼心，见其好学伎术，则为作声誉，令远近知之也。”此句说明摄心之术的对象。意思是说：所谓“摄心”，就是遇到爱好学习、有技艺的人，就为他称扬赞颂，使他的名声可以远播。

6 **方验之道，惊以奇怪，人系其心于己：**陶弘景注云：“既为作声誉，方且以道验其伎术，又以奇怪从而惊动之。如此，则彼人必系其心于己也。”意思是说：一旦他的才能技艺可以为“道”所验证，就为他的奇特而表示惊叹，那么此人就会把心交给自己。

7 **效之于人，验去乱其前，吾归诚于己：**陶弘景注云：“人既系心于己，又效之于时人，验之于往贤，然后更理其目前所为，谓之曰：吾所以然者，归诚于彼人之已。如此，则贤人之心可得，而摄乱者，理也。”意思是说：使他的才能在世人面前展现出来，并且用过去贤人的例子来验证他的才能，他就会更加诚心地归属自己。

8 **喜以自所不见之事，终可以观漫澜之命，使有后会：**陶弘景注云：“又以音乐之事，彼所不见者，以喜悦之言，终以可观，何必淫于酒色。若能好此，则性命漫澜而无极，终会于永年。愚人非可以道胜说，故惟音乐可以探其心。”意思是说：再用自己也看不到的事情来让他感到喜悦，并最终使其看到光辉灿烂的生命，从而使之得以长寿。

9 **守义者，谓守以仁义，探其在内以合也：**陶弘景注云："义，宜也。探其内心，随其人所宜，遂所欲以合之也。"意思是说：所谓"守义"，就是要坚守仁义之理，探究对方内心的想法，来与之相应合。

10 **探心，深得其主也。从外制内，事有系，曲而随之：**陶弘景注云："既探知其心，所以得主深也。得心既深，故能从外制内。内由我制，则何事不行。故事有所属，莫不由曲而随己也。"意思是说：探究对方内心的真实意图，就可以把握对方的主要思想。然后可以使自己从外部控制内心，从而使对方因有事而与自己产生联系，从而让对方委曲于自己。

11 **故小人比人，则左道而用之，至能败家夺国：**比，亲附。陶弘景注云："小人以探心之术来比于君子，必以左道用权。凡事非公正者，皆曰小人反道乱常、害贤伐善，所用者左，所违者公，百度昏亡，万机旷紊，家败国夺，不亦宜乎！"意思是说：所以小人亲附他人，是使用旁门左道的手段，以至他们能够破坏夺取国家的政权。

校勘

[1] 嘉庆刊本，"德"下有"人"字，当系衍文，今据《道藏》本删。

[2] 生，嘉庆刊本原作"主"，今据乾隆刊本改。

[3] 解，嘉庆刊本原作"执"，今据《道藏》本改。

[4] 羸微，嘉庆刊本原作"羸徵"，今据《道藏》本改。

[5] 而，嘉庆刊本原作"者"，今据《道藏》本改。

[6] 此句，嘉庆刊本，原作"守义者，谓以人探其在内以合也"。《道藏》本作"守义者，谓守以人义，探其在内以合也"。抄本同于《道藏》本，唯"合"下有"者"字。蓝格传抄《道藏》本"人义"作"仁义"，今据蓝格传抄《道藏》本改。

《鬼谷子》佚文

原文

鬼谷子曰：人之不善而能矫之者，难矣。说之不行，言之不从者，其辩之不明也；既明而不行者，持之不固也；既固而不行者，未中其心之所善也。辩之，明之，持之，固之，又中其人之所善，其言神而珍，白而分，能入于人之心，如此而说不行者，天下未尝闻也。此之谓善说。（刘向《说苑·善说》）

译文

鬼谷子说：当人们不喜欢你的时候，想要纠正他们是非常困难的。游说行不通，言论不被听从，那是因为道理论辩不明。道理论辩已明却仍然行不通，那是因为没有牢固地坚持；已经牢固地坚持却还是行不通，那是因为没有掌握对方心中的喜好。论辩道理、使人明了、坚持它，稳固它，又能迎合对方心中的喜好，那么你的言辞就会神奇而珍贵、清楚而分明，也能够进入对方的心中。像这样的游说还不能成功的，天下未曾听说过。这就是善于游说的楷模。

原文

故曰：圣人不朽，时变是守。虚者，道之常也；因者，君之纲也。（司马迁《史记·太史公自序》）

译文

所以说：圣人之所以不朽，是因为能够因时而变，并且能够坚守。虚，是道之“常”；因民心而教，是君主执政之纲领。

原文

鬼谷子曰：不放不忘。（《北堂书钞》卷二十七）

译文

鬼谷子说：治理民众不能放纵，也不能忘记以法来治民。

原文

鬼谷子曰：鲁酒薄而邯郸围。（《北堂书钞》卷一百四十八）

译文

鬼谷子说：楚王因为赵国酒薄，而出兵围困邯郸。

按：此处“鲁”当为“赵”，邯郸属赵。

原文

鬼谷子曰：人动我静，人言我听。能固而去，在我而问。

鬼谷子曰：知性则寡累，知命则不忧。忧累去则心平，心平而仁义著矣。

鬼谷子曰：以德养民，犹草木之得时；以仁化人，犹天生草木以雨润泽之。（马总《意林》卷二）

译文

鬼谷子说：别人行动我选择静止，别人的言论我选择听从。别人能稳固或者离去，都是在于我。

鬼谷子说：了解“性”就会减少劳累，知道“命”就不会忧虑。没有劳累和忧虑，心境就会平和，心境平和了仁义就会显著。

鬼谷子说：用德来奉养民众，就好比草木能得到天时；用仁义来教化民众，就好比雨水恩泽草木一样。

原文

鬼谷子曰：君得名则群臣恃之，君失名则群臣欺之。（《太平御览》第六百二十卷）

译文

鬼谷子说：君主如果得到其应有的名位，群臣就会畏惧他；君主如果失去了他应有的名位，群臣就会欺骗他。

原文

鬼谷子曰：夫决情定疑，万事之基，以正乱治天决，诚为难者也。先生乃用蓍龟以助自决也。（《太平御览》第七百二十八卷）

译文

鬼谷子说：解决事情，确定疑惑，是万事的基础。以判断天道是乱还是治，确实是非常难。因此，先哲就用蓍草和龟甲来帮助自己决定。

图书在版编目(CIP)数据

鬼谷子/刘光译注. —长沙:岳麓书社,2019.3
(古典名著普及文库)
ISBN 978-7-5538-1000-3

Ⅰ.①鬼… Ⅱ.①刘… Ⅲ.①纵横家②《鬼谷子》—译文
Ⅳ.①B228.02

中国版本图书馆 CIP 数据核字(2018)第 109803 号

GUI GU ZI

鬼谷子

作　　者:刘　光
责任编辑:李郑龙
责任校对:舒　舍
封面设计:罗志义

岳麓书社出版发行
地址:湖南省长沙市爱民路 47 号
直销电话:0731-88804152　0731-88885616
邮编:410006
岳麓书社网址:www.yueluhistory.com

2019 年 3 月第 1 版第 1 次印刷
开本:890mm×1240mm　1/32
印张:5
字数:142 千字
ISBN 978-7-5538-1000-3
定价:18.00 元

承印:湖南众鑫印务有限公司

如有印装质量问题,请与本社印务部联系
电话:0731-88884129